신사임당이 들려주는

효행과 예술 이야기

신사임당이 들려주는

효행과 예술 이야기

ⓒ 유성선, 2008

초판 1쇄 발행일 2008년 9월 30일
초판 9쇄 발행일 2020년 8월 10일

지은이   유성선
그림   최은화
펴낸이   정은영
펴낸곳   (주)자음과모음

출판등록   2001년 11월 28일 제2001-000259호
주소   04047 서울시 마포구 양화로6길 49
전화   편집부 (02)324-2347 경영지원부 (02)325-6047
팩스   편집부 (02)324-2348 경영지원부 (02)2648-1311
e-mail   jamoteen@jamobook.com

ISBN 978-89-544-0826-4 (64100)

신사임당이 들려주는

효행과 예술 이야기

유성선 지음

|주|자음과모음

중국의 대표적인 어머니 상은 누구일까요? 많은 사람들이 '맹모삼천
지교' 일화를 통해 잘 알려져 있는 맹자의 어머니를 떠올릴 것입니다.
맹자를 올바르게 가르치기 위해 좋은 교육 환경을 찾아 세 번이나 이사
를 한 어머니이지요.

한국의 대표적인 어머니 상을 묻는다면 우리는 단연코 신사임당을 떠
올립니다. 그 이유는 여러 가지가 있습니다. 율곡 이이를 대학자로 훌륭
하게 기른 것, 유교적 소양을 갖추고 남편을 잘 섬긴 것, 지극한 효성으
로 부모님을 정성스레 모신 것, 시와 글·그림 등 특출한 재주로 예술
정신을 실천했던 것 등입니다.

사임당은 어려서부터 재능이 출중했다고 전해집니다. 용모도 수려하
고 성정이 맑아 부모의 특별한 사랑을 받았고, 바느질과 자수, 글과 그
림 등 갖가지 재주가 뛰어나, 학문과 예술의 여러 방면에서 소질을 개발
하였습니다. 또한 윗사람과 아랫사람 모두에게 현명하게 처신하여 두루

섬김을 받았습니다.

여성 활동에 제한이 많고 억압이 심했던 시대를 살았던 신사임당은, 그 시대가 요구하는 어머니·아내·딸로서의 덕을 실천하는 데 충실하였습니다. 그러면서도 예술 활동으로 재능을 갈고닦는 것도 소홀히 하지 않았습니다. 때문에 신사임당은 오늘날에도 여전히 훌륭한 여인으로 평가됩니다.

이 책에서는 주인공 지윤이와 엄마가 강릉의 외가댁으로 여행을 가서 겪게 되는 일들을 통해 신사임당의 효행과 예술 이야기를 전개하고 있습니다. 갈등을 빚고 있었던 지윤이와 엄마가 신사임당 이야기를 통해 여행 중 화해한다는 내용입니다. 등장인물들과 함께 신사임당이 어머니를 그리워하며 넘던 대관령 고개로 여행을 떠나 봅시다.

2008년 9월

유성선

C O N T E N T S

책머리에
프롤로그

프롤로그

"왜 이렇게 말을 안 듣니? 사춘기라서 그런 거야?"

"엄마, 나 이제 곧 6학년이야. 내 일은 내가 결정하고 싶다고!"

"그래서 결정한 게 그 좋은 예술 중학교에 가기 싫다는 거야?"

"엄마, 난 엄마랑 생각하는 게 달라. 예술 중학교는 나랑 맞지 않아."

"안 맞기는 뭐가 안 맞아? 너 그림 잘 그리잖아. 네가 지금 사춘기라서 엄마한테 반항하는 것뿐이지, 그게 너 적성에 맞는 거라니까!"

"단순히 사춘기라서 반항하는 게 아니라고!"

오늘도 저녁상 앞에서 지윤이와 엄마의 다툼이 시끄럽습니다. 요즘 들어 엄마와 지윤이는 사이가 좋지 않습니다. 원래 여자의 적은 여자라지만 둘의 사이는 시간이 갈수록 너무 심해집니다.

엄마는 지윤이가 사춘기라서 반항적이라고 하지만, 지윤이는 사춘기라서 그런 게 아니라 이제 자신의 문제는 스스로 생각하고 결정하고 싶다고 합니다. 이 두 여자들의 싸움으로 지윤이네는 늘 살얼음판 위를 걷는 분위기입니다.

"아, 정말 무서워서 못 살겠군."

"대체 이 싸움은 언제나 끝나는 거야."

아빠와 동생 지헌이도 밥상 앞에서 모녀의 눈치를 보며 투덜댑니다. 가족들 모두 지윤이와 엄마의 사이가 다정했던 예전처럼 돌아가기를 바라고 있습니다. 하지만 지윤이의 중학교 진학 문제를 두고 엄마와 지윤이의 전쟁은 날이 갈수록 더 심해집니다.

둘의 갈등이 점점 깊어 가면서 엄마는 더 이상 안 되겠다고 생각했는지 지윤이와 화해를 시도하기 위해 여행을 제안하게 됩니다. 둘이서 강릉에 혼자 살고 계신 외할아버지를 뵈러 가자는 엄마의 말에 지윤이도 못 이기는 척 찬성합니다. 이미 오랫동안 다른 곳만 바라보고 있던 두 사람의 의견이 합쳐지기는 쉽지 않을 것 같지만, 이번 여행으로 두 사람은 서로의 마음을 이해하려고 합니다. 지윤이와 엄마는 외갓집 여행을 통해 과연 화해할 수 있을까요?

엄마와 나는 달라요

 어머님께서는 온갖 것을 절약하는 일이 몸에 배어 있었고
위아래를 고루 존중하셨다.

— 율곡 이이, 《선비행장》 중

1 사춘기일까, 아닐까?

정말 사춘기일지도 모르겠습니다. 엄마와 만나기만 하면 싸우게 됩니다. 그냥 조용하게 말해도 될 것을 엄마는 꼭 큰 소리로 화를 내며 짜증을 부립니다. 그럴 때면 나는 거의 한 귀로 듣고 한 귀로 흘리든지, 무조건 '모른다', '괜찮다' 하며 넘길 뿐입니다. 하지만 어쩔 땐 저도 큰 소릴 치며 대들기도 합니다.

진로 문제로 사이가 나빠지자 이젠 별것 아닌 걸 가지고도 하루에 여러 번씩 다툽니다. 방이 어질러져 있다거나 학교 끝나고 집에 바로 오지 않았다거나 하는 이유로 말입니다. 내 방이 더러워서 그런 거 아니냐고요? 그게 아닙니다! 엄마는 방에 먼지가 조금 묻어 있는 것만으로도 나를 몰아세웁니다. 나는 그런 엄마가 싫어서 일부러 방을 더 치우지 않는 경우도 많습니다. 예전 같으면 그냥 넘어갈 수도 있었던 일을, 요즘 엄마는 하나하나 꼬집어 내 꼭 잔소리를 해야 직성이 풀리나 봅니다.

엄마는 내가 예술 중학교에 가서 미술을 전공하길 원하지만 나는 그러고 싶지 않습니다. 친구들과 다 같이 평범한 중학교에 다니고 싶거든요. 얼마 전, 프랑스에서 미술을 전공하며 유학 중인 사촌 언니가 잠시 한국에 들러 우리 집에 머물렀던 적이 있습니다. 엄마는 잘됐다 싶어 언니에게 이것저것 마구 물어보셨죠.

"유학 생활은 좀 어때? 힘들지 않니?"

"힘들긴 하지만 그림이 내 천직인 것 같아. 너무 재밌고 좋아요. 정말 내 적성에 딱이라니깐, 이모. 지윤이도 그림 잘 그린다며? 지윤이도 미술 시켜요. 나중에 나 있는 데로 유학도 보내고."

"나도 그러면 참 좋겠는데 이것이 자꾸 말을 안 듣잖니."

엄마가 날 흘겨보며 말씀하시자 사촌 언니가 한마디 거듭니다.

"지윤이, 그림 그리는 거 좋아하잖아? 미술 계통으로 공부할 생각 없어?"

"……."

사촌 언니까지 엄마와 한편이 돼서 그러는데 난 그저 묵묵히 과일만 먹어댔죠. 그 말을 들은 이후로 엄마는 아예 나에게 예술 중학교에 진학해 미술 공부를 하다가, 나중에 사촌 언니처럼 유학가서 본격적으로 공부하며 유명한 화가가 되라고 강요하기에 이르렀습니다.

사촌 언니야 미술이 적성에 딱이고 천직이라지만, 난 미술에 인생을 걸고 싶진 않습니다. 굳이 예술 중학교에 진학하고 유학까지 가면서, 가족들과 떨어져 지내면서까지 그림 그리는 일을 직업으로 삼고 싶진 않거든요. 그저 취미로 가끔씩 즐기고 싶을 뿐이죠.

엄마가 나에게 장래 희망을 화가로 하면 어떻겠냐고 처음 말한 것은 초등학교 2학년 때 전국 어린이 그림 대회에서 장려상을 탄 날입니다. 그냥 그리고 싶은 것을 그려 보라고 하기에 그린 것뿐인데, 그날 기분이 유난히 좋았던 덕에 그림이 예쁘게 잘 그려졌나 봅니다. 자랑은 아니지만 사실 교내 대회나 지역 대회에서도 여러 번 상을 탄 적이 있습니다. 그래서 엄마는 내가 그림에 소질이 많다고 확신하신 거죠. 하지만 그때는 이렇게 강요하는 수준까지는 아니었습니다.

　나는 몇 날 며칠 혼자 앉아서 그림만 그리는 얌전한 일보다는 많이 움직이고 사람도 많이 만나는 활동적인 일이 좋습니다. 그래서 엄마한테 스튜어디스처럼 세계 여러 나라를 여행하고 돌아다니는 직업이 어떨까 하고 얘길 해 본 적이 있습니다. 그땐 별 반응을 보이지 않던 엄마였는데, 내가 정말로 스튜어디스 쪽에 관심을 가지기 시작하자 그때부터 그림이나 미술의 좋은 점을 귀에 못이 박히도록 강조하기 시작했습니다.

　참다못한 내가 한번은 홧김에 따진 적이 있습니다.

　"화가는 돈도 못 벌잖아?"

　"돈을 못 벌긴 왜 못 벌어? 네가 열심히 해서 유명한 화가가 되면 개인전도 열 수 있고, 국전(대한민국미술대전) 같은 큰 대회에 나가서 상 타면 상금도 받을 수 있고, 또 대학교에서 학생들을 가르칠 수도 있고. 넌 재능이 있으니까 열심히만 하면 뛰어난 화가가 될 수 있어."

　"그렇게 좋으면 엄마가 하면 되잖아."

　"흥, 그래. 엄마도 너처럼 어린 나이라면 좋겠다."

　내 말에 엄마는 삐쳐서 대화를 그만두셨습니다. 그래서 잠잠해

졌나 싶으면 얼마 있다가 다시 미술이 어쩌니 화가가 어쩌니 하시며 또 시작하곤 하시죠. 그런 엄마의 강요가 귀찮고 화가 납니다. 내가 하고 싶지 않다는데 왜 그렇게 미술 쪽으로 몰아가는가 싶어 결국 또 대들게 됩니다.

어느 날은 이런 말씀을 하셨습니다.

"지윤아, 서예 배울래, 미술 배울래?"

"서예? 미술? 갑자기 왜?"

"학원 다니게. 그런 거 배워 두면 얼마나 좋은데?"

"학원이라면 난 태권도나 축구 같은 거 배우고 싶은데, 나 태권도 학원 다니면 안 돼? 태권도 배워서 말 안 듣는 남자애들 다 혼내 줘야지, 호호."

"그런 거 말고 좀 차분한 건 싫어? 붓글씨나 수묵화 같은 거 배우면 얼마나 마음이 편안하고 안정되는데……."

"그런 거 재미없어, 싫어."

"넌 참 걱정이다."

"내가 왜?"

"소질도 있으면서 하라는 미술은 안 하고 천방지축처럼……. 좀 차분하고 침착해질 순 없어?"

"그놈의 미술 타령 제발 그만 좀 해! 난 엄마랑 다르다고!"

이렇게 해서 그날도 또 한바탕 싸웠더랬지요. 대체 엄마는 왜 나에게 자꾸만 미술을 하라는 걸까요?

2 이 그림의 제목은?

"지윤아! 이것 봐."

나는 관심 없는 척 쓱 흘겨보았습니다. 엄마가 내미신 것은 미술품 전시회 티켓이었습니다. 난 잠깐 풋 하고 웃음이 나려고 했지만 아무 내색하지 않고 무표정하게 물었습니다.

"그거 뭐?"

그러는 내가 얄미웠는지 엄마도 인상을 찌푸렸습니다.

"프랑스 박물관에 있는 진짜 미술품들이 온 거야. 어떤 그림이 왔는지 궁금하지 않아?"

"비싸지 않아?"

나는 괜히 튕겨 보았습니다.

"뭐가 비싸? 이 가격에 얼마나 많은 작품을 볼 수 있는데."

엄마는 살짝 웃음을 띠며 대답하셨습니다.

"그럼 가던가……. 어차피 할 일도 없고 하니까."

사실 난 이 전시회에 가고 싶었습니다. 담임 선생님께서 지난 주에 그 전시회에 다녀온 소감을 말씀하시며 정말 좋다고 추천해 주셨거든요. 또 거기 전시돼 있던 작품이라며 곱슬머리 여자아이 처럼 생긴 그림을 하나 보여 주셨어요. 그리고 그 그림 이름을 맞 추면 깜짝 선물을 주겠다고 난데없는 이벤트를 벌였습니다. 그 바람에 온 교실 아이들이 갑자기 서로 정답을 맞히려고 난리가 났죠.

퀴즈를 누가 맞혔냐고요? 그 행운의 주인공은 바로 나였습니다!

엄마 손에 있는 게 바로 그 곱슬머리 아이가 그려져 있는 티켓이 었던 것입니다. 전시회에 가겠다고 말하고 나니 자꾸만 웃음이 나 려고 했습니다. 엄마에게 그 그림 이야기를 들려주고 싶었습니다.

"엄마, 근데 그 티켓에 나와 있는 그림 제목이 뭔지 알아?"

담임선생님이 그랬던 것처럼 나도 엄마에게 질문을 던졌습니다.

"음, 글쎄. 통통한 아이? 하얀 아이? 장난꾸러기? 잘 모르겠네."

"머리랑 관련 있어."

나는 힌트를 주었습니다. 선생님도 우리에게 똑같은 힌트를 주셨거든요. 그림 속의 아이는 연한 갈색의 곱슬머리였는데, 그 머리카락이 굉장히 귀엽고 예뻐서 하얀 피부와 너무나 잘 어울렸습니다. 한 네 살쯤 되어 보였는데 처음 봤을 때 난 여자아이인 줄 알았습니다.

"파마를 한 아이? 아니면 곱슬머리 소녀?"

엄마도 어느새 이름 알아맞히기 게임을 즐기고 계셨습니다.

"헤어 도련님."

나는 발음을 한껏 굴리며 정답을 말했습니다.

"뭐라고?"

"헤어 도련님!"

다시금 또박또박 말하자 그제서야 엄마는 알아들었습니다.

"어머? 남자아이였어?"

엄마는 신기한 듯 눈이 커지며 티켓을 자세히 바라보셨습니다.

"웃기지? 제목을 누가 지었는지 몰라. 화가가 지었으려나? 품!"

"머리가 곱슬이라 '헤어 도련님'인가? 하하."

엄마와 난 오랜만에 함께 웃었습니다. 소리 내지 않고 웃느라 볼이 실룩거렸습니다. 아직 엄마랑 완전히 화해한 건 아니라서 어색했거든요.

3 그림이 있는 전시회장

전시회장에는 사람이 참 많았습니다. 엄마와 나 그리고 동생 지헌이 모두 눈이 커져 버렸습니다. 그림들이 아름다워서가 아니라, 끝이 안 보이는 사람 행렬에 저걸 언제 다 보고 나오나 하는 생각이 들었기 때문입니다.

"뭐야, 이렇게 사람이 많고 복잡한 데서 떠밀려 다니며 봐야 하는 거야?"

내가 볼멘소리를 내자 엄마 표정이 찌푸려졌습니다.

"누나, 그래도 이왕 온 거니까 그냥 보자. 좋은 그림이니까 사람들도 많이 보러 온 거지."

동생 지헌이가 엄마와 나 사이에서 눈치를 살피며 말했습니다. 가끔 지헌이의 이런 모습을 보면 나보다 더 어른 같습니다. 엄마는 내 투정에 약간 화가 나신 것 같긴 했지만 끝까지 싫은 소리는 하지 않으셨습니다.

"알았어. 들어왔으니까 보지, 뭐."

나는 엄마가 묵묵부답으로 일관하는 걸 보니 괜히 미안해져서 기분을 풀고 관람하기로 했습니다.

"우와, 저 그림 좀 봐!"

전시회장 입구에 놓인 큰 그림 세 개를 보며 지헌이가 감탄했습니다. 사람들은 그곳에서 사진을 찍고 있었습니다. 〈헤어 도련님〉도 그 중 하나였습니다.

"누나, 우리도 찍자. 엄마, 우리도 사진 찍어 줘요."

지헌이가 나를 잡아끄는 바람에 우리도 〈헤어 도련님〉 앞에서 사진을 찍었습니다. 엄마는 그때까지도 말이 없으셨습니다. 그러다 갑자기 어느 그림 앞에서 입을 여셨습니다.

"엄마도 이 그림 앞에서 사진 찍고 싶다. 지헌아, 엄마 좀 찍어 줄래?"

엄마는 지헌이에게 카메라를 넘기고, 조그만 풀꽃들이 가득 핀 예쁜 동산이 그려져 있는 어느 그림 앞에 섰습니다. 제비꽃, 클로버, 토끼풀꽃, 민들레…… 나머지는 이름을 모르겠네요. 근데 너무 예쁘고 아름다운 그림입니다. 엄마는 온화한 표정으로 단정하게 선 포즈를 취하셨습니다. 엄마가 크게 웃는 걸 보니 내 마음이 한결 편해졌습니다. 지헌이가 사진을 찍자 엄마는 다시 우리에게 와서 말했습니다.

"하하, 아빠한테 자랑해야겠다."

엄마는 무슨 일만 있으면 '아빠 보여줘야겠다', '아빠한테 말해야겠다' 하고 입버릇처럼 말씀하십니다. 엄마 마음속엔 1초도 빠짐없이 항상 아빠가 들어 있나 봐요. 어쨌든 즐거워하는 엄마를 보니 사람 많다고 투덜거린 내가 부끄러웠습니다.

"빨리 들어가요, 우리."

전시회장에 간다는 말에 아침도 대충 먹고 나온 지헌이가 발걸음을 재촉했습니다.

전시회장엔 시대별로 여러 작가의 작품들이 전시되어 있었습니다. 예술의 나라라고 불리는 프랑스 미술전이라고 하더니 역시 그

나라에서 소장하고 있는 작품들 중 꽤 많은 수가 들어온 모양입니다. 나는 〈모나리자〉랑 〈헤어 도련님〉 외에 이름을 아는 작품이 없었습니다. 하지만 사촌 언니가 예전에 가져다준 화첩에서 본 유화 작품도 있었고, 어디서 봤는지는 생각이 안 나지만 낯익은 그림들이 많아 신기하고 좋았습니다.

실제 유화를 가까이서 보니 작은 그림 하나를 완성하는 데도 오랜 시간과 많은 정성을 들이는구나 싶은 생각이 들었습니다. 내가 만약 엄마 뜻에 못 이겨 화가가 되어야 한다면 유화를 한번 해 보고 싶다는 생각도 들었습니다.

한참 그림 구경을 하던 지헌이가 배가 고프다고 했습니다.

"빨리 보고 점심으로 자장면 먹을까?"

엄마가 지헌이에게 물었습니다. 엄마는 학교에서 운동회나 학예회 같은 특별한 일이 있는 날에는 늘 자장면을 사 주십니다. 나는 피자나 햄버거를 먹고 싶은데 엄마는 그런 음식을 싫어하시는 것 같습니다.

"엄마, 오늘은 피자 먹으면 안 돼?"

내가 용기를 내어 말하자 지헌이도 한몫 거들어 주었습니다.

"맞아요. 자장면은 자주 먹었으니 오늘은 피자 먹으면 안 돼요?

나도 피자 먹고 싶은데."

　지헌이는 부모님께 존댓말을 씁니다. 가끔씩은 아빠를 아버지라고 부르기도 하고요. 어렸을 땐 존댓말을 안 썼는데, 언젠가 친척들이 모인 자리에서 부모님께 버릇없이 군다고 심하게 꾸중을 들은 이후로 존댓말을 쓰는 버릇이 생긴 것 같습니다. 남자아이라 의젓해야 한다며 어른들이 지헌이를 더 엄하게 가르치셨던 기억이 납니다. 하지만 난 엄마 아빠 모두 줄곧 친한 친구처럼 대하며 컸기 때문에 존댓말을 써 본 적이 없습니다.

　"좋았어. 오늘 엄마 기분이 좋으니까 이따 피자 사 줄게."

　흔쾌히 허락하는 엄마의 말에 기분이 날아갈 듯 좋아졌습니다.

　입구에서 출구까지 지나가는 과정은 너무나 힘들었습니다. 새치기를 하는 사람들과 뒷사람 생각도 안 하고 그림 앞에서 한참을 멈춰 서 있는 사람들 때문에 짜증이 나기도 했습니다. 하지만 엄마와 지헌이가 내내 느긋하게 구경하는 것을 보니 대단한 모자란 생각이 들었습니다.

　그래도 역시 그림을 보는 건 좋았습니다. 풍경화를 볼 땐 내가 그 풍경 속에 들어가 있는 듯한 느낌이 들었고, 초상화를 볼 때는 그 사람이 정말 날 쳐다보고 있는 것처럼 생생한 기분이 들었습니다. 엄마도 그림 하나하나에 깊은 감명을 받으시는지 굉장히 몰입하셨습니다. 엄마는 그림을 보며 무슨 생각을 하고 계실까 궁금했습니다. 그림을 감상하는 내내 눈빛이 촉촉해지는가 하면 이따금 숨을 흡 들이마시는 표정이 되기도 하셨습니다. 그런 걸 보며 나도 뭔가 느껴지긴 했지만 그걸 말로 표현하기는 어려웠습니다.

4 엄마가 강릉 외가에 가재요

엄마는 약속대로 우릴 피자집에 데려가셨습니다. 엄마는 한번 약속한 건 꼭 지키거든요. 하지만 가끔 우리에게 약속을 강요하고 그것을 지키라고 해서 문제지요. 난 한가득 담은 샐러드 접시를 들고 테이블로 돌아왔습니다.

"우리 엄마가 최고예요."

지헌이가 한 손으로 피자를 들고, 한 손으론 엄마를 보며 엄지 손가락을 치켜들었습니다. 지헌이는 나보다 어린데도 어찌나 예뿜 받을 행동만 하는지 모르겠습니다. 막내라 아직 어려서 엄마에게 불만이 없는 건지, 나와 달리 지헌이는 엄마를 마냥 사랑하는 효자 같습니다.

"잘 먹겠습니다."

피자가 앞에 놓여 있는 걸 보자 금세 기분이 좋아졌습니다. 얼마 만에 먹는 피자인지 모릅니다. 이런 기회를 놓칠 수 없죠. 난 샐러드를 다섯 번이나 리필했고 피자도 배불리 먹었습니다. 잘 먹는 우리를 보며 엄마도 무척 기분이 좋아 보였습니다.

"지윤아."

"응?"

나는 엄마를 멀뚱멀뚱 쳐다보았습니다. 엄마는 뭔가 할 말이 있는 것처럼 접시를 만지작거렸습니다.

"엄마가 할 말이 있는데, 잘 듣고 결정해."

나는 진지한 엄마의 표정을 보고서 손에 들고 있던 피자 조각을 일단 내려놓았습니다. 좋은 일이 생기면 그 다음에는 꼭 안 좋은 일이 생기는데, 무슨 말일까 걱정이 됐습니다.

"다음 주에 아빠랑 지헌이가 일본에 있는 고모네 3박 4일간 다녀올 거거든. 그때 맞춰서 엄마는 외가에 다녀오려고 해. 외할아버지 계신 강릉 알지? 그래서 엄마랑 아빠는 따로 가야 하는데, 지윤이는 어디 가고 싶어? 아빠랑 지헌이랑 일본 고모네 갈래, 아니면 우리 여자들끼리 강릉에 갔다 올래?"

난 한번 곰곰이 생각해 보았습니다. 지헌이는 일본 고모 댁에 처음 가는 거라 아빠가 데려가시는 모양인데, 난 이미 여러 번 가 보았습니다. 그리고 일본에 있는 고모는 날 참 예뻐하시면서도 무척 괴롭히십니다. 아들만 둘이라 내가 가면 매일 옷도 이것저것 입혀 봤다가 머리도 묶었다가 땋았다가 하며 날 인형처럼 데리고 노시느라 정신이 없습니다. 일본은 좋지만 고모가 날 예뻐하는 방식은 내 입장에선 사실 좀 귀찮습니다. 게다가 나까지 일본에 간다고 하면 혼자 외가댁에 갈 엄마가 쓸쓸할 것 같았습니다.

"나는 강릉 외할아버지 댁에 갈래."

엄마는 나의 대답에 얼굴이 환해지셨습니다.

"정말이야? 일본 안 가고?"

"응. 난 고모네 많이 갔잖아."

"그럼 약속한 거다. 표 두 장 끊을 거니까 나중에 강릉 안 간다고 하면 안 돼!"

"알았어요, 잘 알았어."

내가 변덕을 부릴까 봐 걱정되는지 엄마가 신신당부를 했습니다. 나는 엄마에게 새끼손가락을 걸며 굳게 약속을 했습니다. 이 약속은 꼭 지키리라 다짐했습니다.

5 외할아버지 선물 쇼핑

7월 17일은 고대하던 여름방학! 또한 엄마랑 약속했던 강릉 외가댁에 가는 날이기도 합니다. 방학식이 끝나고 방학 숙제와 통신문 등을 받은 후 대청소를 했습니다. 몇 달 동안 교실을 비워둘 것이기 때문에 전체 학급이 청소를 하느라 시끌벅적했습니다. 덕분에 열두 시가 다 되어 집에 가니 온몸이 기진맥진하였습니다.

집에 오니 엄마는 여행 가방을 다 챙기고 날 기다리고 계셨습니다. 아빠와 지헌이는 아침 비행기로 이미 출국했다고 하네요. 난

'아빠와 지헌이도 다 같이 강릉에 갔으면 좋았을 텐데'라고 생각했습니다.

　엄마와 난 기차표를 끊기 위해 청량리역으로 갔습니다. 기차표를 끊은 엄마는 살 게 있다며 근처 백화점으로 들어갔습니다.

　"우리 딸 배고프지?"

　"응……."

　나는 학교에서 대청소를 마치고 집에 가자마자 나왔기 때문에 점심도 먹지 못한 채 쫄쫄 굶고 있었습니다.

　"그래그래, 밥부터 먹자. 우리 뭐 먹을까?"

　엄마가 묻자 햄버거가 떠올랐습니다. 하지만 지난번에 피자를 사 먹었던 터라 또 그런 패스트푸드를 먹자고 하면 절대로 안 된다고 혼내실 것 같아 말이 안 나왔습니다.

　"간단하게 우리 지윤이 좋아하는 햄버거 먹을까?"

　엄마가 먼저 햄버거를 먹자고 하시다니! 엄마는 햄버거나 피자 같은 패스트푸드는 집에서 직접 만들어 먹는 것 아니면 안 되는 줄 아시는 분입니다. 그런데 난 집에서 만들어 먹는 건 밖에서 사 먹는 것보다 맛이 없어서 별로 안 좋아하거든요. 하지만 지금 엄마는 마치 내 속을 들여다보고 계신 것 같았습니다.

"정말?"

"그 대신 콜라 말고 주스나 우유 먹기."

"난 주스!"

그래서 우린 패스트푸드점에서 햄버거로 점심을 해결했습니다. 지난번 피자집에 간 것도 거의 연례행사 같은 일이었는데…… 요새 엄마는 정말 내 맘을 잘 알아줍니다. 난 오늘 백화점을 돌아다니며 아무리 다리가 아프고 힘들어도 절대 투정부리지 않겠다고 다짐했습니다.

"또 오셨네요, 손님. 이번엔 어떤 거 찾으세요?"

벌써 몇 바퀴째인지 모르겠습니다. 햄버거를 먹고 기분이 좋았던 것도 잠시, 엄마는 외할아버지께 드릴 선물을 가득 들고도 또 뭘 저렇게 고르는지 말이에요.

엄마는 할아버지 선물을 사러 돌아다니는 게 마치 놀이 공원에서 놀이 기구를 타러 다니는 것처럼 즐거운가 봅니다. 끊임없이 미소를 짓고 콧노래까지 흥얼거리더라니까요. 난 고작 조그만 배낭 하나 메고 다니는 데도 이렇게 다리가 아픈데, 엄마는 짐가방에 쇼핑백까지 양팔 가득인데도 온 매장을 날아다닙니다.

"아차, 할아버지 화장품이랑 속옷도 좀 사야 하는데……."

"또 사? 아까 약재랑 영양 간식도 많이 샀잖아? 나 다리 아프단 말이야……."

결국 또 투정을 부리고 마네요.

쇼핑을 끝내고 벤치에 앉아 산 것들을 보니 외할아버지 선물이 우리 집보다 훨씬 많았습니다. 나는 그런 엄마 마음이 이해가 될 것도 같았습니다. 엄마는 늘 외할아버지 걱정을 하시거든요. 매일같이는 못해도 자주 외할아버지께 전화를 드려서 뭐 필요한 것은 없는지, 어디 아프진 않으신지, 요새 기분은 괜찮으신지, 동네에 무슨 일은 없는지 같은 것들을 물으십니다. 그리고 이야기 중에 이것저것 메모를 하면서 외할아버지께 사 드릴 것들을 미리 적어 놓습니다. 그래서 강릉에 갈 때마다 이렇게 한꺼번에 사다 보니 쇼핑할 게 많은 겁니다. 할아버지가 제일 좋아하는 박하사탕부터 사 놓고 1층부터 3층까지 두 시간이 넘게 오르락내리락…….

내가 생각해도 엄마의 정성은 참 지극합니다.

신사임당의 성장 과정

신사임당은 우리나라의 대표적인 여성상으로 잘 알려져 있습니다. 신사임당은 효녀였고, 사서오경에 통달하여 높은 학문 수준에 이르렀으며 4남 3녀를 모두 이름난 학자, 철학자, 예술가로 길러내는 등 자녀 교육에 있어 몸소 모범을 실천하였습니다.

신사임당은 강릉의 북평촌(현재 강릉시 죽헌동)에서 조선 연산군 10년 되는 해(1054년) 음력 10월 29일에 태어났습니다. 아버지 신명화는 생전에 공정하고 엄격한 성품을 가졌던 것으로 전해지며, 이씨 부인과의 사이에서 다섯 딸을 두었으며 그 중 둘째가 사임당입니다.

사임당의 어린 시절에 관해 남겨진 기록은 많지 않으나, 태어나면서부터 인물이 뛰어났고 다방면에 특출한 재능을 보여 부모님의 특별한 총애를 받았다고 전해집니다. 특히 손재주가 비상하여 바느질과 자수는 물론, 글과 그림에도 뛰어났으며 특히 초충화에 있어서 뛰어난 솜씨를 보

였다고 합니다.

 신사임당은 일곱 살 때부터 그림을 시작했는데 세종 때 이름 높던 화가 안견의 산수화를 교과서로 삼았다고 알려져 있습니다. 그녀는 산수화를 그리면서 자신의 예술 세계에 처음 눈을 떴다고 말할 수 있습니다.

 현재까지도 세기의 명화로 꼽히는 〈몽유도원도〉의 화가 안견은 당대 문화계의 거장이었습니다. 한양도 아닌 강릉에서 그의 그림을 구한다는 것은 하늘의 별 따기만큼 힘든 일이었습니다. 또한 당시 사회 분위기 속에서 여인이 그림이나 학문을 익히기란 쉽지 않은 일이었습니다. 이러한 상황에서도 사임당이 그림 공부를 할 수 있었던 걸 보면 그녀의 부모님이나 외조부모님 등 주변인들이 그녀의 재능을 얼마나 아끼고 지원해 주었는지 알 수 있습니다.

2

알고 보니 엄마는
현모양처 효녀

 "어머님께서 평소에 늘 임영(강릉)을 그리워하여 밤중에 사람 기척이 조용해지면 눈물을 흘리며, 어떤 때는 새벽이 되도록 잠을 이루지 못했다."

— 율곡 이이, 《선비행장》 중

1 강릉행 야간열차

역사에 들어가 기차 시간을 기다리며 시간표를 보았습니다. 버스로 가면 세 시간 반밖에 걸리지 않는 것을 엄마는 왜 일곱 시간 반이나 걸리는 기차표를 끊은 건지 모르겠습니다. 그것도 밤 기차를요.

"엄마, 그냥 내일 아침에 버스타고 가면 안 돼?"

내가 엄마에게 물었습니다.

"왜? 기차 싫어? 엄마는 오랜만에 기차 타는 거라 좋은데…….

지윤이도 추억이라고 생각하고 조금만 참자, 응?"

"엉덩이 아픈 추억?"

"그래. 그런 것도 추억이야."

우린 저녁을 먹고 간식거리를 산 뒤 기차에 올랐습니다. 청량리에서 강릉으로 가는 열 시 삼십 분 기차입니다.

주말이라 그런지 사람들이 생각보다 많았습니다. 주로 가족 단위와 연인들이었습니다. 여자 둘이, 그것도 아이와 엄마가 앉아있는 건 우리 둘뿐인 것 같았습니다.

엄마랑 난 사이가 좀 나아지긴 했지만 아직 앙금이 남아 있어서 이렇게 오랜 시간 붙어 있어야 한다는 게 부담스러웠습니다. 자칫 예술 중학교나 화가 얘기가 나오면 또 다투고 토라질지도 모르니까요. 그런 생각을 하니 엄마랑은 뭘 해도 지겨울 것 같다는 생각이 들었습니다. 이 지루하고 긴 시간을 어떻게 버텨야 할까요.

"꼭 밤새도록 기차 타고 가야 해?"

기차가 출발한 지 30분이나 지나서 무슨 좋은 소리를 듣겠다고 이런 말을 했는지 모르겠습니다. 기차 타기 전 다 끝난 이야기를 가지고 또 투정하기는 싫지만, 아무리 생각해도 너무 심심할 것 같은데 어떻게 해야 하나요? 사람들이 웅성거리는 것도 싫고 그냥 이렇게 어색하게 앉아 있는 것도 불편합니다.

"오랜만에 타니까 좋지 않아?"

엄마는 기분이 꽤 좋은 것 같습니다. 눈을 크게 뜨며 웃는 얼굴로 되묻습니다.

"엄마야 좋겠지! 난 피곤하단 말이야. 오늘 방학식 하느라 운동장에 한참동안 서 있었고, 또 대청소도 했고, 게다가 하루 종일 외할아버지 선물 산다고 돌아다니고……."

"그래도 오랜만에 타는 거잖아. 정 피곤하면 혼자 자든가."

엄마는 조금 뾰로통해서 말했습니다. 만약 지헌이가 내 상황이었다면 어떤 말을 했을까요? 아무리 해도 난 지헌이만큼 의젓하진 못한가 봅니다.

"음악이나 듣지, 뭐."

나도 토라져서 귀에 이어폰을 꽂았습니다.

한두 시간 정도 지난 것 같습니다. 음악을 듣다 잠이 들었습니다. 깨어 보니 밖은 온통 깜깜해서 보이는 게 없습니다. 다시 자려고 했지만 왠지 잠이 오지 않습니다. 낮이라면 창밖 구경이라도 하면서 갈 텐데 밤이라 그런지 이따금 스쳐 가는 먼 불빛이 다입니다. 아! 너무 지겹습니다.

"이것 좀 먹어 봐."

엄마는 찐 고구마와 군밤을 내밀었습니다. 간식을 보니 슬슬 배가 고팠습니다.

"음료수 있어?"

엄마는 내게 주스를 내밀었습니다.

"잠이 안 와?"

"응."

엄마는 내가 주스를 먹는 것을 물끄러미 보며 말했습니다.

"지윤아, 정말 예술 중학교 안 갈래?"

엄마는 또 시작입니다. 나랑 그렇게 매일 싸우는데도 또 이렇게 예술 중학교 이야기를 합니다. 난 울화가 치밀어서 다른 사람들이 모두 자고 있는데도 마구 화를 냈습니다.

"그만 좀 해. 내가 그림 그리는 게 아예 싫다는 것도 아닌데 왜 꼭 화가만 되라고 그러는 거야? 누가 관심이 없대? 그림은 취미로 그려도 되잖아!"

"애야, 조용히 좀 해라. 잠 깼잖아."

엄마 때문에 뒷좌석 사람에게 혼이 났습니다. 엄마는 조용히 하라는 손짓을 하며 소곤소곤 말했습니다.

"엄마는 네가 예술 중학교에 갔으면 좋겠단 말이야. 너 정도 재능이면 얼마든지 갈 수 있을 텐데, 좋은 길을 놔두고 자꾸 다른 데로 가려고 하는 것 같아서 그래. 왜 해 보지도 않고 그냥 싫다고만 해?"

사실 어릴 때 잠깐이었지만 화가가 되고 싶다는 생각을 한 적이 있습니다. 하지만 미술을 잘 배우려면 오랫동안 외국에서 유학하는 것이 좋다는 사촌 언니의 이야기를 듣고, 그 길은 내 길이 아니라고 생각했습니다. 가족이랑 떨어져 산다면 너무 외로울 것 같거든요. 매일 다투는 엄마지만 그래도 보고 싶으면 어떡하나요? 게다가 내가 하고 싶은 일은 스튜어디스고, 꼭 화가가 되는 것이 아니어도 그림은 얼마든지 그릴 수 있잖아요?

엄마는 이런 나의 생각을 조금도 이해하지 못하십니다.

"몰라, 난. 놀러 가는 자리에서 싸우지 맙시다."

내가 말하고도 좀 웃겼습니다.

"하하. 잘났어, 정말. 말이나 못하면 떡이나 하나 줄까?"

엄마는 말하다가 뭔가 막히면 꼭 하는 말이 있습니다. '말이나 못하면 떡이나 하나 주지…….' 외할머니, 외할아버지께 배운 말

버릇이라고 합니다.

"외할아버지는 요즘 뭐하셔?"

나는 화제를 돌리고 싶어서 할아버지에 대한 안부를 물었습니다. 생각해 보니 외할아버지를 못 뵌 지도 1년이나 되었습니다.

외할머니가 돌아가시자 엄마는 혼자 계신 외할아버지를 더욱 자주 찾아뵈려고 노력했습니다. 그래서 한 달에 한 번은 강릉에 다녀오셨습니다. 하지만 매번 시간이 맞지 않아 지헌이와 나는 가지 못했습니다. 작년에 가족 모두 강릉에 다녀온 뒤로 나나 지헌이는 외할아버지 얼굴을 통 뵙지 못하고 가끔 전화 통화만 하는 게 고작이었습니다.

"잘 계시지, 당연히. 걱정돼?"

"뭐, 좀⋯⋯."

"요즘도 오죽헌에 자주 계시는가 봐."

외할아버지는 오죽헌에 자주 가십니다. 오랫동안 그곳 관리인으로 계셨기 때문입니다. 그러나 지금은 연세가 높아 일을 그만두셨다고 들었습니다.

"오죽헌 관리하시는 일 그만두셨다며?"

"응. 그냥 놀러 가시는 거지. 지윤이도 어렸을 적에 오죽헌에 가

봤을 거야."

"나도 가 봤어?"

"응. 기억 안 나지?"

"응."

엄마는 생긋 웃으며 내 머리를 쓰다듬었습니다.

2 뒤로 가는 기차

네 시간을 넘게 달리던 기차가 사북에 도착하자 주변이 환해졌습니다. 사북에 도착하기 전 정선을 지날 때도 불빛이 많은 도시를 지나쳤습니다. 창밖 이곳저곳에 차들이 있었습니다. 강원도에 카지노 게임장이 생겨서 사람들이 많이 온다고 합니다.

"와, 사람들 많이 내린다."

정선이랑 사북에서 많은 사람들이 내렸습니다. 아주 늦은 새벽인데 말입니다. 게임장에 가는 사람들인가 봅니다.

드라마에서 봤는데 카지노 게임은 정말 복잡하고 종류도 많은 것 같습니다. 왜 사람들은 저런 것을 하면서 주말을 보낼까요? 규칙을 외우느라 머리만 아프고 재미있어 보이지도 않는데 말입니다. 나는 그냥 친구들이랑 피구를 하면서 놀거나 떡볶이를 먹으며 만화책을 보는 것이 더 재밌을 것 같습니다.

"카지노에 게임하러 온 사람들인가 보다."

"저 차들 좀 봐요, 엄마."

나는 밖을 가리키며 말했습니다. 길가에 자동차 수십 대, 아니 수백 대가 보입니다. 도로에 일렬로 나란히 주차를 해 놓았습니다. 엄마가 씁쓸한 표정으로 창밖을 바라보고 있을 때 방송이 나왔습니다.

"다음 역은 사북입니다. 사북에서는 4분 동안 뒤로 가는 구간이 있으니 손님 여러분께서는 놀라시지 않도록 주의해 주시기 바랍니다."

사북에서 사람들이 내리고 기차가 다시 출발하자 정말 왔던 길을 거꾸로 역행하는 느낌이 들었습니다. 기차가 왔던 길을 뒤로,

뒤로 되돌아가고 있었습니다.

아주 천천히 뒤로 갔기 때문에 처음에는 놀라지 않았습니다. 그런데 시간이 조금씩 지나면서 뒤로 가는 느낌이 점점 선명하게 느껴졌습니다.

"와! 엄마 원래 이랬어?"

예전에 강릉을 갈 땐 이런 느낌을 받은 적이 없었던 것 같아 엄마에게 물어보았습니다.

"그럼. 기차 타고 갈 때면 매번 그랬는데 몰랐니?"

엄마는 너무나 당연하다는 듯이 말했습니다. 기차 타고 강릉에 가는 게 하도 오랜만이라 내가 기억을 못하는 걸까요? 뒤로 가는 기차를 타는 게 처음처럼 느껴졌습니다.

"오, 신기해! 꼭 놀이 기구를 타는 것 같아."

4분 동안 뒤로 가던 기차는 다시 앞을 향해 달리기 시작했습니다. 거꾸로 가는 시간이 너무 짧은 것 같아 억울한 기분이 들었지만, 어쨌든 무척 신기했습니다.

오랫동안 앉아 있었더니 땀이 나고 엉덩이뼈가 아팠습니다. 나는 몸을 이리저리 뒤척였습니다. 엄마도 자리가 불편한지 몸을 움

직였습니다.

"얼마나 더 가야 돼?"

너무 지루해서 더 이상 버틸 수가 없었습니다.

"두 시간 정도?"

새벽 네 시가 되어 가는데도 아직 도착하지 않았습니다. 그래서 다시 잠을 청해 보기로 했습니다. 원래는 열한 시만 되면 자는데 오늘은 낯선 기차 안이라 그런지 음악을 듣고 있어도 잠이 잘 오지 않았습니다. 눈을 감고 있어도 불빛들이 눈꺼풀 위로 어른거렸습니다. '아빠와 지헌이는 어디쯤 가고 있을까' 하는 생각이 들었습니다.

"엄마, 지헌이랑 아빠는 일본에 도착했을까?"

"그럼, 벌써 도착했겠지. 어제 낮에 출발했는데 지금이 벌써 다음 날이잖아."

"근데 왜 전화를 안 해? 우리가 해 보자."

"새벽이라 아마 고모네 도착해서 주무시고 있을 거야. 일어나면 전화하시겠지. 피곤할 텐데 깨우면 안 되겠지?"

엄마는 아쉬운 표정으로 날 타일렀습니다.

사실, 요즘은 엄마보다 아빠가 더 좋습니다. 가끔 엄마는 독단

적인 것처럼 느껴질 때가 있는데, 아빠는 늘 공평하다는 생각이 들기 때문입니다. 아니, 사실 내 말을 더 많이 들어주고 원하는 건 다 해주시는 편이거든요.

"심심하지?"

"이제 적응됐어."

난 삐죽거리며 말했습니다.

"엄마랑 카드 게임 할까?"

집에서도 카드 게임을 하는데 우리 가족 중 엄마가 제일 잘합니다. 나는 게임을 잘하지 못하지만 잠이 오지 않아 게임이라도 해야 할 것 같았습니다.

"대신 지는 사람 꿀밤 맞기 없음. 이긴 사람 소원 들어주기도 없음!"

"알았어. 그럼 지는 사람 소원 들어주기는 어때?"

"지는 사람 소원 들어주기? 좋아!"

엄마는 씨익 웃으며 고개를 끄덕였습니다. 우리 가족은 카드 게임을 할 때 이긴 사람 소원 들어주기를 조건으로 합니다. 그래서 나와 지헌이는 엄마 소원을 들어주기 위해 매일 설거지나 심부름을 해야 했죠. 그런데 지는 사람 소원 들어주기라니…… 벌써부터 뭘 사달라고 할지 행복한 고민을 하며 게임을 시작했습니다.

이상합니다. 정말 이상합니다.

엄마와 카드 게임을 다섯 번이나 했는데 모두 내가 이겼습니다.

"엄마 일부러 져 준 거지? 소원 들어주기 시키려고?"

"아니야, 열심히 했는데 이상하네……. 오늘 엄마한테 운이 안 따랐나 보다."

엄마가 알미웠습니다. 아니, 사실 내가 바보 같은 거죠. 져야 한다는 걸 잊은 채 게임에 집중하는 바람에 계속 이겼던 것입니다.

"무슨 소원을 말하지?"

난 엄마가 예술 중학교에 가라는 소원을 말할까 봐 덜컥 겁이 났습니다. 뻔합니다.

"정했다! 엄마 소원은, 피곤하니까 이제 도착할 때까지 쿨쿨 잠 자기."

엄마 소원은 미술을 하라거나 화가가 되라거나 예술 중학교에 가라는 것이 아니었습니다. 엄마는 이 좋은 기회를 왜 엉뚱한 소 원으로 써 버리는 걸까요? 난 안도의 숨을 쉬며 활짝 웃었습니다.

"그래, 쿨쿨 잠이나 자자."

엄마의 소원대로 강릉에 도착할 때까지 쿨쿨 잠을 잤습니다. 많이 피곤했던 터라 코까지 골았습니다.

아휴, 창피해.

3 아침에 강릉 도착했어요

아침 일곱 시가 넘어서 강릉에 도착했습니다. 강릉에 도착하니 사람들이 우르르 내립니다. 고인 물웅덩이에 물길을 튼 것처럼 쏴 하는 소리를 내며 사람들이 사라집니다. 나는 자고 일어나서 그런지 메고 있는 배낭이 어제보다 더 무거운 느낌입니다.

"엄마, 무거워."

엄마는 내 배낭을 가져가서 들고 있던 커다란 가방 안에 넣었습니다. 엄마 짐도 무거워 보여서 좀 미안했지만 난 비몽사몽이라

정신이 하나도 없었습니다. 그런데도 엄마는 무거운 내색은커녕, 주변을 둘러보며 숨을 깊게 들이쉬고 말했습니다.

"흐음, 냄새부터 다르지 않니?"

엄마는 강릉에 온 것이 너무 좋으신 것 같습니다. 나는 코를 매만지면서 엄마의 뒤를 따라갔습니다. 아무리 숨을 들이켜도 비린내 같은 냄새밖에 모르겠는데 엄마는 이게 왜 좋다는 건지 모르겠습니다.

외할아버지의 모습을 떠올려 보았습니다. 내 기억 속에 외할아버지는 키가 훤칠하며 중절모자에 한복을 갖춰 입고 다니시는 멋쟁이십니다. 특히 오죽헌에서 근무하시던 시절에는 개량 한복을 입고 다니셨다고 들었습니다. 동네 사람들은 외할아버지를 멋쟁이 할아버지라고 불렀다죠.

외할아버지는 오죽헌을 관리하는 일을 평생 하고 싶다고 말씀하시곤 했는데, 연세도 많고 건강도 안 좋아져 어쩔 수 없이 그만두게 되셨다고 합니다.

"그렇게 서울 오셔서 지내시라고 해도……."

역을 빠져나오며 엄마도 나처럼 외할아버지 생각을 하고 계셨는지 혼잣말을 중얼거렸습니다.

"외할아버지가 서울에 와서 살기 싫으시대?"

"응. 평생을 여기 있었는데 이제 와 서울 가서 무엇하냐고."

"으응……."

그래서 엄마는 늘 외할아버지 이야기만 나오면 안타까운 표정이었나 봅니다.

"홀아버지 옆에 있어 드리지도 못하고 내가 딸 노릇을 제대로 하고 있는 건지 모르겠네……."

엄마는 또 혼잣말을 하며 한숨을 쉬었습니다.

우리는 강릉역을 빠져나왔습니다. 잠시 멈춰 숨을 쉬는데 바다의 짠 냄새가 났습니다. 오징어에서 나는 냄새입니다. 이미 해는 하늘 꼭대기에 걸려 있습니다. 여름이라 해가 금방 뜬다는 말이 정말인가 봅니다.

엄마와 난 화장실에 들러 차림새를 단정히 했습니다. 엄마는 화장을 새로 고치고 예쁜 모습으로 단장하셨고, 나도 물을 묻혀 잔머리를 다듬었습니다.

'외할아버지! 정말 오랜만에 찾아뵙습니다.'

나는 속으로 외할아버지에게 어떤 인사를 하는 게 좋을까 고민

했습니다. 예전에는 외할아버지를 무척 따르며 재미있게 놀았던 것도 같은데, 지금은 그 기억이 가물가물합니다. 어쩔 땐 외할아버지 얼굴이 잘 기억나지 않을 때도 있습니다. 이 사실을 엄마가 알면 얼마나 섭섭해 하실까요?

우린 택시를 타고 오죽헌에 다다랐습니다. 외할아버지 댁은 오죽헌 입구에 있는 빨간색 지붕 집입니다. 외할머니가 빨간색을 좋아하셔서 외할아버지께서 몇 년 전 빨간색 지붕으로 바꾸셨다고 합니다. 빨간색 기와로 된 외가의 모습이 아담해서 귀여워 보입니다.

드디어 외가댁에 도착했습니다.

"아이고, 우리 찌윤이 왔구나!"

외할아버지께서 마당으로 뛰쳐나오시며 우리를 반갑게 맞아 주셨습니다. 외할아버지는 나를 찌윤이라고 부르십니다. 내 이름을 저렇게 부르는 것은 나를 놀리는 몇몇 친구들과 외할아버지뿐입니다.

외할아버지가 바로 눈앞에 계시니 기차를 타고 올 때와는 달리 반가운 마음에 가슴이 벅차올랐습니다. 가족의 정이란 게 이런 건가 봅니다.

"외할아버지!"

난 외할아버지께 달려가 안겼습니다.

엄마는 외갓집에 오자마자 점심부터 차리셨습니다. 나는 외할아버지께 드릴 옷과 약재를 보여 드렸습니다. 외할아버지는 늘 뭘이런 것을 사 오냐고 하시면서도, 꼭 산타클로스의 선물을 풀어보듯이 우리가 가져온 것들을 열어 보는 재미에 빠지시곤 합니다. 그런 외할아버지가 신이 나 보여서 나도 너무 좋습니다.

"외할아버지 낚시할 수 있어요?"

어렸을 때라 다른 건 잘 기억하지 못해도 강릉에 왔을 때 돔을 잡은 기억은 선명하게 남아 있습니다. 작은 돔이었는데 듣기로는 아주 비싼 생선이라고 했습니다. 내가 잡은 돔 몇 마리를 가지고 가족들이 모여 맛있게 회를 먹은 기억이 났습니다. 지헌이는 어려서 낚시를 할 수 없었고, 아빠와 나 그리고 외할아버지 이렇게 셋이서 했죠. 배를 타지 않고 방파제나 등대에서 하는 거라 위험하지도 않았기 때문에 할아버지와 단둘이서도 할 수 있을 것 같았습니다.

"요즘은 문어랑 양미리랑 이것저것 실한 놈들이 잘 잽히제."

나는 외할아버지의 말씀에 뛸 듯이 기뻤습니다. 다시 한 번 나의 낚시 실력을 보여 줄 수 있는 기회이기 때문입니다.

"그럼 점심 먹고 낚시하러 가요!"

"허허, 우리 찌윤이가 이제 보니 낚시하러 왔구나?"

나는 껄껄 웃는 외할아버지를 보며 대답을 기다리는데 엄마가 중간에 말을 끊었습니다.

"지윤아, 낚시는 안 돼. 외할아버지 지금 다리가 아프셔. 그리고 외할아버지랑 엄마랑 이따 어디 가야 하니까 정 낚시하고 싶으면 내일 아침에 가자."

엄마의 말에 거기가 어디인지 궁금했습니다. 어디를 가냐고 물으면 꼬치꼬치 캐묻는 것 같고, 또 집에서처럼 혼날 것 같아서 조심스러웠습니다. 하지만, 나만 집에 혼자 두고 어딜 가신다는 건지 너무 궁금했습니다.

"어디? 나는 안 가요?"

외할아버지도 계신데 설마 여기서 혼내실까 싶어 난 눈 딱 감고 물어보았습니다. 뜻밖에 엄마는 빙그레 웃으며 따뜻이 대답했습니다.

"당연히 외할머니부터 뵈어야지."

아, 돌아가신 외할머니를 여태껏 잊고 있었군요. 매번 강릉에 오면 제일 먼저 외할머니 산소에 가서 술도 뿌리고 풀도 다듬고 했는데 낚시 생각에 중요한 걸 까맣게 잊고 있었네요. 으이그! 바보.

"엄마, 저 왔어요. 편안히 계시죠?"

엄마는 외할머니 산소에 소주를 뿌렸습니다. 그리고 허공에 대고 이런저런 이야기를 하기 시작했습니다. 외할아버진 산소 주변을 돌아다니시며 그냥 일상적인 일인듯 잡풀을 뽑으셨습니다. 난 딱히 할 일이 없어서 엄마가 혼잣말처럼 하는 이야기를 가만히 들었습니다.

"지윤이, 이리 와 봐."

엄마에게 다가가자 엄마는 산소에 계신 외할머니께 날 보여 드리듯 어깨를 잡고 말했습니다.

"지윤이가 이만큼이나 컸어요. 외손녀딸 많이 보고 싶으셨죠? 사위랑 손자도 데리고 왔어야 했는데 죄송해요. 다음에 올 때는 꼭 같이 찾아뵐게요."

엄마의 눈이 촉촉해지는 걸 보니 나까지 눈물이 고이려고 했습니다. 언젠가 지금 엄마처럼 할 날이 올지도 모른다고 생각하니

가슴 한 편이 뭉클해지며 울컥하는 기분이 들었습니다. 어떤 감정인지 정확히는 모르겠지만 마음이 무척 아팠습니다. 엄마가 그만 울었으면 좋겠다는 생각이 들었습니다.

4 엄마 아빠의 경포대 사건

산소에 다녀와 마당에서 복실이와 놀고 있었습니다. 엄마는 외할아버지와 그간 쌓인 이야기를 한참 동안 나누시는 모양이었습니다. 네 시가 다 됐을 즈음 엄마가 방에서 나와 산책을 나가자고 했습니다. 근처에 경포대라는 곳이 있다고요. 계속 복실이랑만 놀았더니 밖에 나가고 싶어 따라나섰습니다. 갈 때는 운 좋게 버스를 탔는데, 거의 한 시간 간격으로 다니는 버스라고 해서 무척 놀랐습니다.

"지윤아, 엄마는 여기서 처음 아빠를 만났다."

처음 듣는 이야기였습니다.

"정말?"

내가 되묻자 엄마의 얼굴에 미소가 번졌습니다.

"그때 네 아빠 얼마나 멋있었는지 알아?"

아이고! 엄마는 어쩌면 저렇게 태연하게 닭살 돋는 말을 할 수 있을까요?

"내가 아빠한테 전해 줄게."

"네가 전해 주지 않아도 아빠는 엄마 마음을 다 알지!"

아빠에 대한 엄마의 애정 어린 말은 점점 더해집니다.

"엄마는 아직도 아빠가 그때처럼 좋아?"

나는 정말 궁금했습니다. 이제껏 좋아하는 남자아이들이 있었지만 금방 싫증이 나고 재미가 없어서 좋아하는 마음이 식어 버리기 일쑤였습니다. 하지만 엄마 아빠는 벌써 10년이 넘게 같이 사셨는데도 다투는 모습을 거의 본 적이 없습니다. 엄마는 늘 아빠를 걱정하고 아빠도 늘 엄마를 잘 보살핍니다.

"당연하지. 네 아빠 같은 사람이 어디 있다고?"

닭살이 돋긴 하지만 엄마의 말은 진심이었습니다. 난 참 신기했습니다. 사람의 감정은 시간이 가면서 변하기 마련이라고 하는데 엄마는 그렇지 않기 때문입니다. 아빠는 잘 생겼지만 가끔 방귀도 뀌고, 낮잠을 잘 때 침을 흘리기도 하는데, 그런 모습마저도 정말 좋아할지 궁금했습니다.

"엄마는 아빠 싫은 점이 하나도 없어? 나는 아빠 침 흘리고 잘 때는 싫던데."

"야, 너도 침 많이 흘리고 자잖아. 지윤이와 아빠의 그런 모습들도 다 귀엽고 사랑스러워."

"하하. 알았어. 못 말린다니깐."

가만히 보니 엄마는 일본에 있는 아빠를 보고 싶어 하는 것 같습니다.

"엄마, 아빠 보고 싶구나?"

"당연히 보고 싶고 궁금하지. 그게 사랑이야."

사랑. 엄마에게서 사랑이라는 말이 나오니 기분이 참 묘합니다. 엄마는 아빠에게 무척 잘하지만 사랑한다는 말을 하는 건 본 적이 없습니다. 아니, 사랑한다는 말을 아낀다고 할까요? 지헌이와 나에게도 사랑한다는 말은 잘 안 하는 편입니다. 단지 늘 말하죠.

'엄마가 너희들을 얼마나 아끼는데……'

이렇게 말입니다.

"엄마가 아빠 처음 만난 날 얘기해 줄까?"

"응!"

엄마는 싱긋 웃으며 이야기를 시작했습니다.

엄마 아빠는 모두 강릉에 있는 고등학교를 다녔다고 합니다. 학교는 달랐는데, 같은 날 두 학교 모두 경포대로 소풍을 오게 되었다고 합니다.

점심시간을 먹고 자유 시간에 엄마는 소나무 근처에 앉아 책을 읽고 있었다고 합니다. 아빠도 바다 근처를 혼자 거닐다가 엄마가 있는 근처 소나무에 걸터앉아 책을 읽기 시작했다고 합니다.

그런데 엄마와 아빠가 같은 책을 보고 있었던 것입니다. 불과 10미터도 안 되는 거리에 고등학생 남녀가 똑같은 책을 읽으며 앉아 있었다는 말이죠. 아빠가 열심히 책을 읽고 있는 엄마에게 다가가서 말을 건넸다고 합니다. 엄마에게 관심이 가서 말을 한번 걸어 보고 싶었던 거죠.

"저기요, 지금 몇 시죠?"

그러자 엄마는 아무 말 없이 귀찮은 듯 손목시계를 툭 풀어서 아빠에게 건네주었다고 합니다.

"왜 시계를 줘?"

나는 엄마가 왜 그런 행동을 했는지 궁금했습니다.

"시계를 준 게 아니라 책을 읽는 데 방해 받기 싫어서 직접 시간을 보라고 시계를 줘 버린 거지."

아무리 그래도 엄마의 행동이 이해가 되지 않았습니다.

"그렇다고 시계를 줘 버려? 엄마도 시간을 봐야 할 거 아냐?"

"시간을 안 봐도 될 만큼 재미있는 책이었거든."

엄마의 대답에 책 제목이 궁금했습니다.

"그 책 제목이 뭔데요?"

"《독일인의 사랑》이라는 아주 짧은 책이야."

엄마는 한때 그 책에 빠져 있었다고 합니다.

"그 책이 뭐가 재미있는데?"

나는 책의 내용이 궁금해졌습니다.

"책에서 이런 대사가 나와. '왜 당신을 사랑하냐고요? 저 태양에게 물어보세요, 왜 떠 있는지. 저 꽃들에게 물어보세요, 왜 피었는지. 나는 당신을 사랑하지 않을 수 없기 때문에 사랑합니다.'

어때?"

　"우와!"

　미술을 하라고 매일같이 닦달하던 엄마가 이렇게 낭만적인 데가 있다니요. 엄마가 다시 보였습니다. 이제 보니 엄마는 무척 지고지순한 천생 여자였습니다!

　아빠는 아내를 참 잘 골랐네요. 하하.

5 효녀 엄마

경포대를 걸으며 엄마는 외할머니, 외할아버지에 대해 많은 이야기를 해 주었습니다. 강릉에 따라오지 않았다면 이 많은 이야기들을 언제 들어볼 수 있었을까요?

외할아버지는 엄마가 어렸을 때부터 오죽헌 관리인이셨습니다. 집도 오죽헌 근처이기 때문에 퇴직을 하시고서도 가끔 오죽헌 이곳저곳을 둘러보신다고 합니다. 외할아버지가 평생 동안 하셨던 일이기 때문입니다.

외할아버지는 칠순이 다 되셔서 걷는 것도 좀 느리고, 예전처럼 매일 오죽헌을 관리하실 수도 없습니다. 하지만 외할아버지는 늘 말씀하십니다.

"오죽헌에 있는 건, 마루며 우물, 돌 하나하나가 어찌나 다 비단처럼 고운지, 난 그것들을 너무 사랑해서 못 떠나."

서울로 올라오라는 엄마의 말도 항상 이런 식으로 거절하셨다고 합니다.

"네가 태어난 지 얼마 되지 않았을 때야. 외할머니께서 폐암에 걸려서 6개월 밖에 못 사신다는 말을 들었어. 외할머니가 돌아가실 때까지 엄마는 거의 눈물로 살았지. 병수발을 들고 싶어도 네가 태어난 지도 얼마 안 돼서 널 돌봐야 했기 때문에 엄마도 어떻게 할 수가 없었어. 그때 그걸 어떻게 견뎠는지……."

난 갑자기 숙연해져서 아무 말도 할 수 없었습니다.

"하루에 전화를 몇 통씩이나 했는지 몰라. 어쩌다 한 번 그 몸으로 내려와서 외할머니 얼굴 뵙고 나면 서울 올라가는 발이 어찌나 안 떨어지던지……. 꼭 그게 마지막 뵙는 게 될 것 같아서. 물론 그런 날이 오긴 했지만."

"많이 울었어?"

"눈물이 마르도록 많이 울었지. 그런데 엄만 외할머니, 외할아버지 앞에서는 절대 안 울었어."

"왜?"

"자식이 울면 부모가 더 슬픈 법이거든."

그 말을 듣고 엄마 앞에서 울던 때를 생각해 보았습니다. 나는 아직도 엄마 앞에서 가끔 울기도 하거든요.

"이 꽃 색깔 예쁘지?"

"응. 연보라색이 정말 예쁘네."

"꽃 이름은 더 예뻐. 현호색."

"연보라색이 아니라 현호색?"

"응. 현호색은 색 이름이 아니라 꽃 이름이야. 엄마가 외할머니 임종 즘에 너무 슬퍼서 가시는 길에 예쁘게 입으시라고 수의에 자수를 놨는데, 현호색과 같은 색으로 국화를 넣었었지. 혹시 외할아버지 방에 액자로 걸려 있는 거 봤으려나?"

"아, 봤어! 그 밑에 '신사임당 효행상'이라고 새겨 있었어. 시에서 주는 상이었던 것 같은데. 무슨 신문에 난 기사도 있었고. 이야, 그게 엄마가 받았던 거였어?"

"외할머니가 국화를 좋아하셨거든. 엄마는 현호색을 좋아했고.

그래서 현호색 빛의 국화를 수놓았지. 그런데 지윤아, 엄마는 그 상 받을 자격이 없어. 외할아버지는 자랑스럽게 걸어 놓으셨지만 그걸 보면 엄마는 너무 부끄러워."

엄마는 효녀에다가 참 겸손하기까지 합니다. 엄마랑 매일 다투는 이유가, 어쩌면 엄마 잘못이 아니라 내 잘못 때문이 아닐까 싶어집니다. 이렇게 훌륭한 엄마와 다툰다면 분명 엄마 잘못은 아닐 텐데 말이죠.

"외할머니는 지금 어디 계셔?"

"좋은 곳에 계시지. 늘 지윤이를 지켜 주시면서."

엄마가 음식에서부터 바느질, 자수까지 못하는 게 없다는 건 알고는 있었습니다. 그런데 외할머니 수의에 자수를 넣어서 강릉시에서 '신사임당 효행상'까지 받았을 정도면 정말 대단한 효심에 범상치 않은 솜씨를 가지고 있다는 생각이 들었습니다.

실제로 엄마는 어릴 때 그림을 잘 그려서 신사임당의 초충화를 따라 그린 작품으로 지역 대회에서 장원상을 탄 적도 있다고 했습니다.

"외할머니가 돌아가시고 얼마 후에 외할아버지께서 중풍에 걸리셨어. 넌 어렸을 때라 잘 모르지? 그때 엄마가 아빠한테 부탁해서 몇 년 동안 내려와 살면서 외할아버지를 모셨었지."

"정말? 외할아버지 건강하시지 않아?"

"지금은 거의 다 나았지. 걸음걸이만 조금 불편하시고."

그때 엄마의 간호 덕분에 지금 외할아버지는 혼자 생활하실 수 있을 정도로 좋아진 거라고 합니다. 난 외할아버지께서 중풍에 걸린 적이 있었는지도 몰랐거든요. 물론 약간 느리게 걸으시기는 하지만 외할아버지 연세에 비해서 오히려 무척 건강하시다고 볼 수 있을 정도입니다. 그 일이 지역 신문에 나서 엄마는 또 신사임당 효행상을 받을 뻔했는데, 부끄럽게 두 번이나 상을 받을 수는 없다며 거절했다고 합니다.

신사임당 효행상이라……. 사실 나는 신사임당이 누군지 자세히 모릅니다. 신사임당 하면 한국의 어머니상, 5천원짜리에 있는 율곡 이이의 어머니, 뭐 그 정도밖에 알지 못하죠. 생각해 보니 엄마 화장대 유리 밑에도 한자로 쓰인 시가 있는데 그게 신사임당의 시인것 같았습니다.

"엄마, 근데 엄마 화장대에 있는 한시는 뭐야?"

"응, 그거 봤구나? 신사임당의 시야. 읊어 줄까?"

역시 내 예상이 맞았습니다. 엄마는 바닷바람에 머리카락을 날

리며 시를 들려주었습니다. 내 눈에는 그런 엄마의 모습이 한 폭의 풍경화처럼 다가왔습니다. '아, 이 광경을 그림으로 그리고 싶다' 이런 생각이 문득 들었습니다.

백발의 어머님은 강릉에 계시는데
이 몸 홀로 서울 향해 떠나는 심정
때때로 고개 돌려 북촌을 바라보니
흰 구름만이 저무는 산 아래 날리네.

"신사임당도 고향이 강릉이었어. 그분도 엄마처럼 어머니를 혼자 남겨 두고 서울로 시집을 가게 됐지. 그래서 대관령을 넘던 중에 대관령 마루에 서서 강릉에 외로이 남게 된 어머니를 생각하며 쓴 시란다. 한자를 풀이하면 〈대관령을 넘으며 친정을 바라보다〉라는 제목의 시지. 어쩌면 신사임당의 상황이 엄마랑 너무 비슷해서 공감이 가기 때문에 더 존경하고 닮으려고 하는지도 몰라."
엄마가 외할머니를 생각하던 마음, 그리고 지금은 외할아버지를 생각하는 마음이 시의 내용과 똑같다고 생각했습니다.

신사임당의 효심과 교육관

신사임당은 친정어머니 이씨에 대한 사랑이 지극했습니다. 이는 강릉에서 열녀 정각이 세워진 그녀의 어머니에게서 물려받은 효심일 것입니다. 이러한 집안에서 나고 자란 신사임당은 그 몸가짐과 재능이 남다를 수밖에 없었습니다.

사임당은 비단 친정어머니에게만 극진했던 것이 아니라, 일찍이 홀로 된 시어머니 홍씨에게도 며느리로서 효성을 다했습니다. 윗사람, 아랫사람 할 것 없이 매사 공평하고 온화하게 대했으며, 집안의 하인들에게까지도 자애로움으로 대했기 때문에 모두가 존경하고 따랐다고 합니다.

남편 이원수 공에게도 진언을 자주 하며 학문적으로 많은 것을 일깨워 주었고, 인격적인 측면에서도 강단 있는 모습을 보여 주었다고 합니다. 이로써 신사임당은 한 집안의 든든한 안방마님이자 지도자 역할을 훌륭하게 해냈다고 할 수 있습니다.

　오늘날 사회 지도층에서도 합리적으로 사고하며 중도를 지키는 사람을 만나기란 힘든 일입니다. 그러나 사임당은 그 품성과 자질이 맑고 순수했으며, 효성이 지극한 딸임과 동시에 매사 공평한 어머니였습니다. 이로써 전인교육의 모범을 실현한 조선 초기의 실천적 교육자였습니다. 당대 가장 존경받는 여인상이었던 문왕의 어머니인 태임을 본받는다는 뜻으로, 자신의 호를 '사임당(師任堂)'이라고 정한 것만 보더라도 신사임당의 가치관과 삶의 지향점을 알 수 있습니다. 신사임당은 유교에 조예가 깊어 자식 교육에 있어서도 《효경》을 중심으로 가르쳤습니다. 본래 효는 부모와 조상의 은혜에 대한 보은의 정신과, 어버이를 잘 섬기는 것이 백성과 임금에 대한 충성과 통한다고 생각했습니다. 그래서 신사임당도 옛 성현들의 이야기에 귀를 기울이며 법도를 중시하고 스스로 중용의 미학을 살렸다고 할 수 있습니다. 그 스스로 학문과 예술을 숭상하여 집안에서 글 읽는 소리와 먹 가는 소리가 끊이지 않게 함으로써, 자식들로 하여금 자연히 공부하게 만드는 것이 사임당의 전인교육이었습니다. 오늘날 아이들에게 강압적으로 교육이 행해지는 현실 속에서 사임당의 교육 방식은 깊이 곱씹고 되새겨 보아야 할 것입니다.

오죽헌에서 발견한
완벽한 여성의 발자취

"신씨는 어려서부터 그림을 공부했는데, 그의 포도와 산수 그림은 절묘하여 평하는 이들이 안견의 다음에 간다고 한다. 어찌 부녀자의 그림이라 하여 긍휼히 여길 것이며 또 어찌 부녀자에게 합당한 일이 아니라고 나무랄 수 있으랴."

— 어숙권, 《패관잡기》 중

1 그림을 그려 보련?

엄마와 경포대를 걷다가 오죽헌으로 왔습니다. 오늘은 월요일입니다. 월요일은 오죽헌 정기 휴일입니다. 그러면 여러 전시장들도 문을 닫습니다. 그래도 우린 오죽헌에 갔습니다. 입장권을 사지 않고 그냥 공원처럼 둘러볼 수 있거든요. 날씨가 좋아서인지 사람들이 꽤 많았습니다.

오죽헌 한쪽 잔디밭에는 어떤 할아버지가 앉아 계셨습니다. 그 할아버지는 조그만 삼각대를 놓고 뭔가 그리고 계셨는데, 그게 뭔지 무척 궁금했습니다. 엄마가 외할아버지를 뵈려고 오죽헌 관리실에 가실 때 나는 그 할아버지에게 가 보았습니다.

할아버지는 연예인 사진을 똑같이 모사해서 그리고 있었습니다. 할아버지가 그린 연예인으로는 배용준, 비가 있었고 내가 좋아하는 문근영도 있었습니다.

"할아버지 화가세요?"

그러자 할아버지는 안경을 살짝 올리시며 말씀하셨습니다.

"나는 모사 화가란다."

모사 화가? 그건 뭘 하는 거지? 한참동안 생각해 봐도 그 뜻을 알 수가 없어 다시 여쭤 보았습니다.

"모사 화가가 뭐예요?"

"사물을 보고 똑같이 그리는 화가를 말하는 거란다."

할아버지는 자신이 직접 그리신 전지현 그림을 가리키며 말했습니다. 할아버지가 가리킨 쪽에는 연필로 그린 전지현이 예쁘게 웃고 있었습니다.

"정말 전지현 같아요!"

그러자 할아버진 가방에서 사진을 한 장을 꺼내 보여 주셨습니다. 그림과 똑같은 긴 생머리의 전지현의 흑백사진이었습니다. 그림과 사진이 붕어빵처럼 똑같았습니다.

"우와, 정말 똑같이 그리시네요?"

"그럼. 모사 화가는 얼마나 똑같이 그리느냐가 중요하거든."

모사 화가 할아버지는 자랑스럽게 말씀하셨습니다.

"저도 그림 그리는 것 좋아해요."

"그래? 그럼 너도 그려 보련?"

할아버지는 4B연필 하나를 건넸습니다. 그리고는 스케치북을 한 장 뜯어서 주셨습니다.

"뭐든 그리고 싶은 것을 그려 와 보렴. 할아버지 심심한데 구경이나 해 보자. 허허."

"아, 정말요? 좋아요!"

"할아버지는 여기 매일 나와 종일 그림을 그리니 아무 때나 완성되면 가져오렴. 가장 예쁜 것을 찾아서 그려 와야 한다!"

나는 냉큼 연필과 종이를 받았습니다. 옛날 속담에 '하던 일도 멍석 깔아 주면 안 한다' 는 말이 있지만, 나는 '멍석을 깔아 주면 한다' 는 성격입니다. 하하!

게다가 할아버지 그림들을 보며 그림을 그리고 싶은 마음이 불쑥 들었거든요. 당장 그릴거리를 찾아 나서고 싶었습니다. 하지만 일단 관리실로 갔습니다. 말도 없이 사라져 버리면 분명히 엄마가 걱정할 테니까요.

2 '사임당'의 의미와 관련 일화

엄마가 신사임당 효행상을 받았다는 말이 나온 김에, 오죽헌을 돌아다니며 우린 신사임당 이야기를 나누었습니다.

"근데 왜 '신사임당 효행상'이지? 이름도 네 글자나 되네. 사임당이라는 이름은 누가 지어 준 거야?"

나는 그 특이한 이름이 어떻게 지어진 건지 무척 궁금했습니다.

"사임당은 이름이 아니야."

"엥? 성이 신 씨고 이름이 사임당 아니었어?"

"신 씨 성에 '사임당'은 호란다. '당(堂)'에 쓰인 한자는 집 당 자로, 그 당시 아녀자들이 사는 방을 그렇게 불렀지. 그래서 신사임당이야. 호는 뭔지 알지? 충무공 이순신 할 때, 충무공이 이순신의 호인 것처럼. '사임당'이라는 호가 지닌 의미는 문왕의 어머니인 태임을 본받는다는 뜻이야."

"난 이름이 세 자라서 정말 특이하다고 생각했는데 그게 아니었구나……."

음, 생각해 보니 옛날 여자들은 이름보다 호로 더 유명한 것 같습니다. 허난설헌도 사실 이름이 아니라 허씨 성에 '난설'이라는 호, 그리고 '헌'이란 한자로 돼 있는 거라고 합니다. '헌(軒)'이란 한자도 신사임당의 '당'처럼 집이나 방이라는 뜻이라네요. 옛날에는 귀부인을 부를 때 대개 이런 식으로 칭했나 봅니다.

"그럼 그 호는 누가 지어?"

나는 또 엄마께 질문을 했습니다.

"본인이 붙이기도 하고, 다른 사람이 지어 주기도 하지."

"그럼 내 호도 한번 생각해 봐야겠다. 히히."

"좋은 생각이네? 한번 좋은 호를 고민해 보렴."

나는 기쁜 마음으로 고개를 끄덕였습니다.

"이건 신사임당에 관한 일화인데 재밌으니 한번 들어 보렴. 사임당이 일찍이 강릉에서 살 때의 일이야. 어떤 집에 잔치가 있어서 많은 부인들이 모여서 즐겁게 놀고 있었대. 사임당도 거기 같이 있었고, 또 사임당이 잘 아는 어떤 집 젊은 색시도 같이 있었단다. 근데 한창 잔치를 하는 와중에 그 젊은 색시가 주방을 들락거리다가 입고 왔던 다홍 비단 치마를 더럽히고 말았어. 가난한 집 색시였는데 그날 잔치에 가려고 친구의 치마를 빌려 입었던 거라서 굉장히 걱정을 하고 있었지."

"그 치마가 비싼 치마였어?"

"그럼. 가난한 색시의 형편으로는 절대로 살 수 없는 값이었지. 그래서 속만 태우고 있었는데, 그것을 본 사임당이 젊은 색시를 불러서 그 치마의 얼룩을 펴 보라고 했어. 그리고 신사임당이 어떻게 했을까?"

"음……. 얼룩을 지워 줬겠지?"

"더러워진 치마에 먹물을 찍어 포도 잎사귀를 그렸어."

엄마는 그 모습을 따라하는 듯 손짓을 해 보였습니다.

"응? 지워도 모자랄 판에 거기다 그림을 그렸다고?"

"들어 봐. 사임당은 한창 탐스럽게 무르익어서 먹음직스러워 보이는 포도를 아주 예쁘고 생생하게 그렸어. 거기 앉았던 많은 부인들도 혀를 내두르며 칭송할 정도였지. 어떻게 저렇게 잘 그릴 수가 있느냐고 말이야. 젊은 색시는 금방 얼굴에 웃음을 띠고, 그 치마를 고맙게 받고 돌아 가서 아주 비싼 값에 팔았다고 해.”

“우와, 얼마나 잘 그렸으면?”

“젊은 색시는 그 돈으로 다홍 비단 치마 감을 사서, 원래 치마 임자에게 새 감을 돌려주고도 몇 감이 더 남았다고 해. 그 정도로 신사임당의 그림 솜씨가 훌륭했다는 거지. 정말 대단하지?”

이 일화를 들으니 신사임당의 그림 솜씨가 얼마나 훌륭했을지 상상이 되었습니다. 윤기가 좌르르 흐르는 탐스러운 보라색 포도 송이…….

“또 다른 이야기는 없어?”

“또 있지. 유기(놋그릇) 쟁반 일화가 있어. 그것도 해 줄까?”

나는 고개를 끄덕였습니다.

“사임당이 아주 효녀라는 말은 엄마가 했지?”

“물론이지. 오죽하면 ‘신사임당 효행상’ 이겠어?”

“하하. 그 얘긴 하지 말랬지? 엄마 부끄럽게.”

“응, 알았어. 얘기해 줘.”

"그게 사임당이 강릉 친정을 떠나 서울 시댁으로 올라온 날이었어. 사임당의 부군, 그러니까 남편인 이원수 공은 부인 사임당의 재주가 남다른 것을 여러 손님들에게 내보이고 싶었지. 그러니까 부인 자랑을 하고 싶었던 거야. 그래서 사임당에게 그림 한 장을 그려서 보내 달라고 청했단다."

엄마는 이번에도 찬찬히 이야기를 들려주었습니다.

"그런데 부인에게서 아무 소식이 없었지. 이원수 공이 얼마나 민망했겠니? 손님들에게 말은 해 놨는데 부인이 청을 들어주지 않으니……. 그래서 아랫사람을 불러 두 번, 세 번 독촉을 했단다. 사임당은 남편이 손님들과 같이 있는 자리에서 자기에게 그림을 보내라고 독촉하는 것을 끝까지 거절하는 것도 도리가 아니라고 생각했어. 또 남편의 위신을 위해서라도 그림을 보내야겠다고 결정했어. 하지만 갓 시집온 색시가 드러내고 종이에 그림을 그리는 것이 남에게 흉이 될까 봐 아랫사람을 불러 유기 쟁반을 가져오라고 했지. 그리고 거기에 조그만 그림 하나를 그려서 남편에게 보냈다는 이야기야. 그걸 본 많은 손님들이 칭찬을 아끼지 않았다고 해. 그림도 그림이지만, 신사임당이 얼마나 현명했는지 알 수 있는 일화지."

엄마가 말해 준 상황이 머릿속에 그려졌습니다. 아무래도 그 당시에는 여자의 사회적 지위가 낮아서, 그것도 갓 시집온 새색시가 그림을 그리면 건방지다고 흉을 들을 만한 상황이었나 봅니다. 그래서 사임당이 고민한 끝에 유기 쟁반에 그림을 그렸나 봐요.

"참 대단하다. 어떻게 그릇에 그림을 그릴 생각을 했을까! 그치, 엄마?"

"그럼. 사임당이 얼마나 현명한 여자였는지 이해가 되지? 엄마가 왜 존경하고 닮고 싶어 하는지도?"

"응, 이해가 될 것 같아."

치마폭과 유기 쟁반에 그림을 그렸다는 사임당의 일화가 너무 아름답고 예쁘기도 했지만, 어쩌면 이렇게 똑똑하고 현명하기까지 했을까 하는 생각에 감탄스러웠습니다.

3 모사 화가 할아버지

다음 날에도 오죽헌에 놀러갔습니다. 어제는 소나무들만 보였는데 오늘은 검은 대나무 숲도 보았습니다. 대나무가 초록색이 아니라 검은 색이었습니다. 오죽헌이란 이름도 까마귀 오(烏) 자에 대나무 죽(竹) 한자를 써서 '까마귀처럼 검은 대나무'란 뜻이라고 합니다. 까만 대나무가 무척 신기했습니다.

모사 화가 할아버지는 오늘도 그 자리에 나와 계셨습니다.

"엄마, 혹시 저 할아버지 알아요?"

"어디?"

엄마는 내가 가리키는 쪽으로 고개를 돌리며 말했습니다. 그 순간에도 할아버지는 연예인 그림을 열심히 모사하고 계셨습니다.

"덕현이 할아버지 말이구나."

"덕현이 할아버지?"

"응. 덕현이 기억 안 나?"

"아, 옆집 사는 애!"

덕현이는 외할아버지 댁의 옆집에 살던 꼬마 아이입니다. 나보다 한 살 어린 아이인데 예전에 내가 강릉에 올 때마다 함께 놀던 친구이기도 합니다. 그런데 그 덕현이의 할아버지가 바로 모사 화가 할아버지였다니, 참 사람의 인연이란 모를 일입니다.

덕현이는 자전거도 잘 타고 개구리도 잘 잡는 아이입니다. 예전에 종종 자전거에 태워 주곤 했죠. 지금은 덕현이가 친척집에 가는 바람에 동네에 없는 것이라고 했습니다. 까맣게 잊고 있던 친구였네요. 1년 전에 왔을 때만 해도 아주 잘 놀았는데 말입니다. 덕현이가 알면 무척 섭섭해 하겠어요.

"엄마, 덕현이 꿈이 뭔지 알아?"

나는 예전에 들었던 덕현이의 꿈 이야기를 엄마에게 들려주었습니다.

"뭔데?"

"유명한 화가가 되는 거래."

"어머, 정말?"

엄마는 그림에 관심 있는 사람이라면 일단 좋은 이미지를 가진다는 걸 알기 때문에 덕현이의 화가 꿈 이야기를 해 준 겁니다. 엄마도 덕현이를 더 좋아하겠죠?

"어제 덕현이 할아버지가 이걸 주면서 나한테 그림을 그려 오라고 했어. 근데 그 할아버지 그림 엄청 잘 그리셔."

난 덕현이 할아버지께 받은 연필과 종이를 내밀며 말했습니다. 엄마는 덕현이 할아버지를 빤히 쳐다보더니 나에게 이렇게 말씀하셨습니다.

"이왕 그릴 거면 잘 그려서 보여 드려야겠지?"

"으응."

엄마의 말이 조금 부담스러웠지만 고개를 끄덕였습니다. 엄마는 덧붙여 내게 물었습니다.

"덕현이 할아버지가 얼마나 유명한 화가였는지 알아?"

"얼마나?"

"덕현이 할아버지가 예전에 국전에서 상도 타신 분이야. 그런데 요즘은 그냥 보고 그리는 모사화만 하시는 것 같아."

국전이라면 엄마에게 귀에 못이 박히도록 들어서, 우리나라에서 가장 큰 미술 대회라고 알고 있습니다. 그런데 거기서 상을 타셨다는 말에 덕현이 할아버지가 새삼 대단한 분이라는 생각이 들었습니다. 그런 분이 왜 큰 도시에서 유명한 화가로 활동하지 않고 여기서 연예인 사진을 보며 따라 그리는 모사 화가로 계신 걸까요?

나는 궁금증을 뒤로 하고, 엄마가 외할아버지를 뵈러 관리실에 가 있는 동안 이것저것 그릴 거리를 찾다가 무언가를 발견했습니다. 비록 조그마했지만 그 무엇보다 더 예뻐 보였습니다. 그래서 그 앞에 자리를 잡고 앉아 그림을 그리기 시작했습니다. 슥삭슥삭, 쉭쉭, 엄마 말처럼 잘 그려야겠다는 것보다 그냥 쉽고 재밌게 그려 보려고 했습니다.

이윽고 그림을 다 완성해 외할아버지께 먼저 보여 드리러 관리실에 들렀습니다. 문틈으로 빠끔히 안을 들여다보았는데, 관리실 안에서는 엄마와 외할아버지가 정겹게 손을 잡고 도란도란 이야기를 나누고 있었습니다. 가만히 보니 외할머니 얘기도 하시는 것 같아서, 외할아버지와 엄마의 대화를 방해하기 싫었습니다. 그래서 그냥 덕현이 할아버지께 바로 찾아갔습니다.

"할아버지, 저 왔어요!"

"아, 어제 그 꼬마 아가씨군?"

"네. 그림 다 그렸어요. 이 그림이에요!"

나는 그림을 내밀었습니다.

"그래, 어디 보자."

할아버지는 내 그림을 받고 찬찬히 살펴보셨습니다. 못 그렸다고 해도 상관없을 것 같았습니다. 어쨌든 난 가장 예쁜 것을 기쁜 마음으로 그려서 즐거웠으니까요. 할아버지는 안경을 살짝 올렸다가 내 얼굴을 보다가 또 그림을 보았다가, 몇 번을 그렇게 관찰하셨습니다.

"너 그림 배워 봤니?"

"네, 엄마랑 조금요. 어릴 때는 백화점에서 하는 수채화 교실에도 잠깐 다녀 봤고요."

"올해 몇 살이니?"

"열한 살, 5학년이에요."

할아버지는 다시 내 얼굴을 찬찬히 살피시더니 물으셨습니다.

"이 그림 할아버지가 가져도 될까?"

그건 이 그림이 맘에 드신다는 말씀이겠죠? 기분이 한껏 좋아져서 냉큼 대답했습니다.

"네, 제가 할아버지께 드리는 선물이에요!"

"혹시 엄마랑 같이 왔니?"

"네."

"우리 아가씨 엄마를 잠깐 만날 수 있을까?"

"우리 엄마요?"

"응. 지금 관리실에 계시지? 이따 시간되면 잠깐 이 할아버지 좀 보고 가라고 전해 주렴."

앗, 덕현이 할아버지께서 우리 엄마를 왜 보자고 하시는 걸까요? 호기심을 가득 안고 관리실로 달려갔습니다.

4 좋아하는 것을 해라

엄마에게 방금 있었던 일을 말했습니다. 그러자 엄마는 관리실에 외할아버지와 함께 있으라고 하며 나갔습니다. 엄마와 덕현이 할아버지가 무슨 이야기를 나눌까 궁금해서 쫓아가 보고 싶었지만, 끝말잇기 놀이를 하자는 외할아버지의 제안에 할아버지와 함께 시간을 보냈습니다.

이윽고 30분쯤 후 엄마가 심각한 표정으로 돌아오셨습니다.

"엄마! 그 할아버지가 뭐라고 하셨어?"

엄마는 아무 대답도 하지 않은 채 시간이 늦었으니 집에 돌아가
자고 날 이끌었습니다.

외가로 돌아오는 내내 무슨 안 좋은 일이 있나 싶어 불안하게
엄마 눈치만 살폈습니다. 그런데 사실 안 좋은 일이 생길 것도 없
었습니다. 그냥 내가 그리고 싶은 그림을 그려 갔을 뿐이거든요.

저녁을 기다리며 마루에 누워 쉬고 있었습니다. 엄마가 밥상을
내려 놓고 내 옆에 다가와 앉았습니다. 엄마는 약간 멍한 것 같기
도 했고, 뭔가 말을 꺼내려는데 머뭇거리는 표정 같기도 했습니
다. 그래서 내가 먼저 엄마에게 물었습니다.

"엄마, 무슨 생각해? 덕현이 할아버지가 내 그림이 형편없다고
하셨어?"

엄마는 내가 그림에 재능이 있다고 굳게 믿고 있는 분입니다.
그런데 만약 덕현이 할아버지가 내 그림이 형편없다고 하셨다면
엄마는 무척 실망했을 겁니다. 그래서 이렇게 기분이 안 좋은 건
지도 모른다는 생각이 들었습니다. 아까 드린 그림 때문에 엄마가
곤란해진 건 아닌지 걱정되었습니다.

"절대로 그런 건 아니야. 지윤이 그림 너무 잘 그렸다고 칭찬하

셨는 걸?"

"그런데 왜 잘 웃지도 않고, 기분이 안 좋아 보여?"

나는 다시 물었습니다. 엄마는 또 아까처럼 뭔가 머뭇거리다가 이렇게 말을 시작했습니다.

"음, 덕현이 할아버지가 엄마보고 뭐라고 했냐면…… 한마디로 욕심을 버리라는 말씀을 하셨어."

나는 그 이야기가 무슨 뜻인지 잘 알지 못했습니다.

"그게 무슨 말이야?"

"엄마가 너한테 매번 예술 중학교에 가라고 했었지? 그것 때문에 많이 싸우고."

"응……. 그랬지."

난 또 싸우게 될까 봐 주저하며 대답했습니다. 엄마와 그 문제로 몇 달 동안 지겹게 다투고 있는 중이었죠. 강릉에 함께 놀러 오면서 이제 좀 좋은 분위기가 되려고 했는데, 여기에서까지 또 이 이야기가 나와서 무척 조마조마했습니다.

"덕현이 할아버지가 우리 지윤이만큼은 재능이 아주 풍부하다고 하셨어."

일단 난 기분이 좋았습니다. 그런데 가만 생각해 보니 말이 조금 이상합니다. '지윤이만큼은' 이라뇨?

"나만큼은? 그게 무슨 말이야?"

"사실 엄마도 고등학교 때 너처럼 덕현이 할아버지가 그림을 그려 오라고 해서 그려 간 적이 있거든. 그때는 할아버지가 아니라 아저씨였지."

"뭐? 정말?"

난 깜짝 놀라 되물었습니다.

"그때 덕현이 할아버지께서 엄마한테 해 주신 말씀이 뭐냐면, 엄마는 재능보다 열정이 더 많은 사람이라고 하셨어."

"음⋯⋯."

"그건 엄마가 재능이 부족하다는 걸 돌려서 말씀하신 거였겠지. 사실 엄마는 그림 그리는 게 좋아서 화가가 되고 싶었지만 재능이 없어서 꿈을 접어야 했어. 엄마는 순수하게 엄마 그림 실력만으로 대회에 나가서 상을 받은 적이 없거든. 신사임당 효행상이 부끄러운 이유도 그런 거야. 물론 엄마가 효녀가 아니라는 게 가장 큰 이유지만, 그 자수는 예술적으로 그렇게 뛰어난 작품이 아니었거든. 그래서 엄마는 지윤의 재능을 늘 아깝게 생각했던 것 같아. 엄마는 가지지 못했던 좋은 재능을 가져서 화가에 꿈을 두고 온 힘을 집중하면 정말 잘될 것 같은데, '대체 왜 그림을 안 하겠다고 할까? 왜 예술 중학교에 가지 않겠다고 할까?' 하면서 말이지."

"……."

엄마가 받은 신사임당 효행상이 엄마에게 그런 의미로 다가올 수도 있다는 것까지는 생각하지 못했습니다. 엄마에게 그 상이 외할머니 일과는 별개로, 엄마 본인에게 또 하나 마음의 짐이 되었나 봅니다. 마음이 무척 아팠습니다.

"그런데 그런 엄마의 생각이 잘못된 거였어."

"……."

"덕현이 할아버지는 재능이 가장 중요한 게 아니라고 말씀하시더라."

"그럼?"

"자기가 하고 싶은 것을 하는 것이 제일 중요한 거래. 그래야 열정을 갖고 계속 노력할 수 있고, 그 위에서 재능이 빛을 발할 수 있는 거라고."

엄마는 계속 말을 이어갔습니다.

"엄마가 할아버지께 그랬어. 지윤이가 화가가 됐으면 좋겠다고. 그러니까 할아버지께서 물어보시더라. 지윤이가 그걸 원하냐고.

근데 엄만 대답을 못하겠더라고."

"……."

"할아버지께서 또 그러셨어. 지윤이는 그림보다 더 큰 꿈이 있는 아이 같다고."

나는 할 말이 없었습니다. 엄마가 실망하는 모습이 안쓰럽지만, 덕현이 할아버지의 말씀이 내심 고맙기도 했습니다. 딱 두 번 마주친 덕현이 할아버지가 누구보다 내 마음을 잘 알고 계신 것 같았습니다. 내가 그린 그림을 한 장만 보시고도, 내가 가장 최고로 쏟아 부을 열정은 미술이 아니라는 것을 아신 겁니다.

잘 그려 보라는 엄마의 말에 부담을 느꼈던 기억이 떠올랐습니다. 정말 잘 그려야겠다는 생각과 재미 삼아 그리고 싶다는 생각이 반씩 섞여 있던 내 마음이 고스란히 그림에 담겨 있었나 봅니다.

내가 그린 그림은 작은 제비꽃이었습니다. 엄마가 외할머니 수의에 자수를 놓았던 현호색과 비슷한 색의 제비꽃 말이죠. 물론 연필만 가지고 그린 거라 색깔도 표현되진 않았지만요.

"엄마가 지윤이한테 참 부끄러운 행동을 했네."

"아냐, 엄마. 나도 매일 대들고 반항했는데, 뭘. 엄마 생각을 이해하려고 노력하지 않았고……."

"엄마가 이루지 못한 꿈을 지윤이한테 강요했던 것 같아. 엄마가 부러워하는 재능을 네가 가졌다는 이유로 말이야. 정작 넌 다른 꿈도 있을 테고, 하고 싶은 것도 많을 텐데……."

엄마의 눈에 눈물이 보였습니다.

"어젯밤에도 아빠랑 통화하면서 지윤이랑 화해를 해서 어떻게 예술 중학교에 가도록 설득할까 하는 얘기를 했었는데, 그것도 결국 엄마의 이기적인 생각이었어."

엄마는 덕현이 할아버지를 만나고 나서 많은 생각을 한 것 같습니다.

"아니야, 나도 잘못했어, 엄마."

그렇게 말하고 나니 갑자기 울음이 터졌습니다.

"내가 엄마한테 못되게 굴었어. 내가 잘못했어."

"아냐, 엄마가 지윤이를 너무 닦달하고 몰아세웠어. 엄마가 미안해."

엄마는 날 살포시 끌어안았습니다. 우리는 아무 말 없이 한참을 그렇게 꼭 끌어안고 있었습니다.

엄마가 문득 궁금해진 듯 물었습니다.

"근데 너 왜 제비꽃을 그렸니?"

"뭐, 그냥. 그게 제일 예뻤어."

그때 외할아버지께서 엄마를 부르셨습니다.

"저녁 먹어야지, 지윤이 배고프겠다."

할아버지가 부르자 엄마는 눈물을 닦고, 내 눈가의 눈물도 닦아주었습니다. 오늘에서야 비로소 엄마와 허심탄회하게 모든 이야기 끝내고 화해를 이뤄낸 기분이었습니다.

신사임당의 예술적 재능

신사임당의 회화는 많은 사람들로부터 찬사를 받습니다. 어려서부터 안견의 산수화풍을 본받았으나 거기서 머문 것이 아니라 신사임당 특유의 회화 세계를 만들어 냈습니다. 그녀는 대개 오죽헌 뜰을 오가며 자연을 벗 삼아 그림을 그리고 시를 짓는 예술 활동을 했는데, 그녀 화풍의 백미라고 할 수 있는 것이 풀과 벌레를 주로 그리는 초충도입니다. 이는 부드러우면서도 깊이가 느껴지는 색감과 신사임당의 뛰어난 회화 솜씨로 인해, 보면 볼수록 묘한 매력을 느낄 수 있습니다.

현재 전해지고 있는 초충도는 대부분 사임당의 작품이라고 볼 수 있습니다. 〈수박과 여치〉, 〈맨드라미〉 등의 대표작들은 현재까지 수많은 이들에게서 칭송 받고 있습니다. 마당에서 그림을 말리던 중에 닭이 이를 보고 달려들어 쪼았다는 일화는 사임당의 그림이 얼마나 사실적이고 정교했는지를 알려줍니다. 또한 그녀의 초충도에서 보이는 곱고 품위 있는 색감이나 소박하고 섬세한 표현 기법은 독특하면서도 우아한 화폭의 분위기를 만들어 내고 있습니다.

사임당의 회화는 우리가 일상에서 언제나 만날 수 있는 초화나 벌레를 주된 소재로 삼고 있습니다. 수박, 포도, 오이, 가지 등의 열매나 맨드라미, 도라지, 양귀비, 봉선화 같은 꽃들을 중앙에 두고, 도마뱀, 개미, 쥐, 개구리, 메뚜기, 나비, 잠자리 등을 그 주변에 배치하는 사임당의 작품들은, 특히 들쥐나 개구리 같이 일반적으로 아름답다고 여기지 않는 것들을 화폭에 담아내며 정서적 미감에 탁월한 재능이 있음을 보여 줍니다. 주변에서 쉽게 찾을 수 있는 작고 보잘것없는 소재를 택했다는 것은, 사사로운 것에도 따뜻한 배려를 건네는 사임당의 온화하고 겸손한 인품을 나타냅니다.

신사임당은 주위에서 쉽게 볼 수 있는 풀과 벌레들을 소박하고 단순한 구도를 이용해 깊이 있는 색채와 단아하고 정갈한 느낌으로 표현하며 자신의 고유한 미적 관념을 펼쳐 보입니다. 친근한 소재와 섬세하면서도 정감 있는 사임당의 표현 기법은 조선 초기 중국의 영향을 받지 않고 우리의 독자적인 화풍을 형성하는 데 일조하였습니다. 조선 초기뿐 아니라

한국 미술사에 있어서도 신사임당을 빼놓고는 이야기할 수 없을 만큼, 그녀는 우리나라 초충도의 선구자이자 최고로 손꼽히는 화가 중 하나라고 할 수 있습니다.

신사임당도 울고 갈 우리 엄마

 밤마다 달을 향해 비는 이 마음
살아생전 한 번 더 뵐 수 있기를
(夜夜祈向月 願得見生前)

— 율곡 이이, 《선비행장》 중

1 서로를 이해하며

"엄마, 서울 올라갈 때는 버스 타고 가는 거 어때?"

외할아버지와 엄마 그리고 나 이렇게 셋이 구수한 된장찌개로 저녁 식사를 하며 내가 불쑥 말을 꺼냈습니다. 강릉에 내려오기 전의 엄마 같으면 어림도 없다고 할지도 모르지만, 지금은 좀 다를 것 같았습니다. 내 말에 귀를 기울여 줄 것 같았습니다.

"그래, 그러자. 사실 일곱 시간 반 동안 기차탈 때 엄마도 엉덩이가 좀 아팠거든. 하하."

엄마의 말을 듣자 밥맛이 확 살아나는 느낌이었습니다. 엄마도 사실 나랑 같은 생각을 하고 있었던 겁니다.

"버스 타면 금방인데 왜 기차를 타고 왔어?"

외할아버지께서 의아한 듯 물으셨습니다.

"이제 언제 또 기차를 타 보겠어요, 아버지. 그리고 지윤이랑 오는 첫 여행이라 오랫동안 함께 있고 싶어서 그랬던 거죠."

아빠와 지헌이의 일본 여행은 어땠을지 갑자기 궁금해졌습니다.

"엄마, 지헌이랑 아빠도 내일 집에 온대?"

"응. 좀 전에 통화했어. 이제 비행기 타러 공항으로 간다고 하더라. 아마 새벽쯤에 도착하겠지?"

"히히. 분명 고모가 나 대신 지헌이를 귀찮게 하셨을 거야."

내 말에 엄마가 깔깔 웃었습니다. 외할아버지도 빙긋 웃으시며 엄마에게 말씀하셨습니다.

"내일 올라가려면 오늘은 일찍 자야겠구나. 저녁 먹고 모기장도 좀 두툼히 쳐야겠구먼. 내일 올라갈 때 들고 가라고 저기 오징어랑 산나물 좀 싸 뒀다."

"자주 못 내려와서 죄송해요."

"지금보다 어떻게 더 자주 내려와? 우리 손주들 열심히 키워야지, 자꾸 내려오면 나 귀찮아."

"엄마한테도 그렇게 전해 주세요. 내일 들렀다 가긴 할 테지만."

"누워 있는 네 엄만 너 내려오는 걸 나보다 더 귀찮아할 거다. 하하."

"하하. 알았어요, 알았어. 저녁 드세요."

우리는 다시 재미난 이야기로 화제를 바꾸어, 이번 여행의 마지막 저녁 식사를 즐겼습니다.

우리는 잘 곳에 모기장을 세 겹이나 치고 셋이 나란히 마당에 누웠습니다. 이젠 바람에 미세하게 풍기는 비릿한 바다 냄새가 향긋하게 느껴집니다. 경포대도 그렇고 오죽헌도, 외할아버지도, 덕현이 할아버지도 좋은 추억으로 남을 것 같습니다.

사실 집에서 매일 엄마랑 싸우기만 해서 잘 느끼지 못했던 것뿐이지, 엄마는 정말 효녀에 조강지처에다 자상한 어머니, 그야말로 완벽한 현모양처였습니다. 외할아버지께 잘해 드리는 모습을 보아도 그렇고, 자수를 놓은 외할머니 수의 이야기, 예나 지금이나 변치 않는 아빠와의 사랑, 게다가 나랑 화해할 때 보여 줬던 마음 넓고 자상한 엄마의 모습을 보아도 그렇습니다.

우리 엄마야말로 신사임당도 울고 갈 완벽한 여성이 아닌가 싶어요. 그리고 엄마가 겸손해서 말을 그렇게 한 것이지, 오늘 할머니 수의 액자를 다시 보니 그 자수 솜씨는 결코 예사 솜씨가 아니던걸요? 아니면 내 눈에만 그렇게 보이는 걸까요?

어쨌든 난 이번 여행에서 그런 엄마를 보며 부모님이나 지헌이, 그리고 아주 나중에 생길 미래의 남편이나 자식들에게도 엄마처럼, 그리고 엄마가 그토록 존경하는 신사임당처럼 잘해야겠다는 생각을 하게 되었습니다.

"외할아버지, 다음 달에 또 올게요. 꼭이요!"

난 누운 채로 천장에 대고 소리쳤습니다. 혼자 쓸쓸히 계신 외할아버지께 엄마처럼 다정한 손녀딸이 되고 싶은 마음이 굴뚝같았습니다.

"어이구, 우리 손녀가 딸보다 더 효녀네."

"아빠는 인기 많아 행복하시겠어요? 딸도 좋아해, 손녀딸도 좋아해. 하하."

효녀란 말을 들으니 나도 엄마를 닮아 가는 기분이 들었습니다. 밤 바람이 너무 상쾌해서 오늘 밤에는 하늘을 나는 꿈을 꿀 것만 같았습니다.

2 서울행 버스

강릉에서 서울로 가는 버스를 탔습니다. 점심도 못 챙겨 드리고 올라가려니 엄마는 마음이 좋지 않은 모양이었습니다. 나오기 전 아침을 먹을 때도 외할아버지께 점심 이거이거 챙겨 드셔라, 낚시 조심히 다니시라, 오죽헌 가시는 것도 너무 무리하지 마시라, 계속 당부를 하느라 밥이 입으로 들어가는지 코로 들어가는지 모를 지경이었거든요. 외할아버지도 나중에는 알았다, 알았다 하시며 껄껄 웃으셨습니다.

"서예 도구 챙기는 걸 깜박했구나."

엄마는 수묵담채화 같은 동양화 분위기가 나는 그림을 그리는 걸 좋아하십니다. 그리고 재능이 없다고 말은 하시지만 내가 볼 땐 정말 잘 그리십니다. 대체 엄마 같이 솜씨 있는 분이 왜 대회에서 상을 타 본 적이 없을까요? 불가사의한 미스터리입니다.

엄마가 또 좋아하는 것이 있는데 그것은 허리를 꼿꼿이 펴고 앉아 붓글씨를 쓰는 것입니다. 엄마는 여러 위인들의 한시나 시조를 가지고 서예 연습을 하시곤 합니다. 어젯밤에도 저녁을 먹고 방에서 서예 연습을 하더니, 도구 챙기는 걸 깜빡했다고 말하네요.

"집에 엄마 것 있잖아."

그러자 엄마는 누가 듣지도 않는데 귓속말로 소곤거렸습니다.

"사실 외할아버지 게 더 좋거든."

"아하하!"

누가 신사임당도 울고 갈 효녀라고요? 하하하.

서울로 오는 동안 버스 안에서 내내 창밖만 바라보았습니다. 새로 뚫어 놓은 길로 와서 그런지 이번에는 대관령을 보지 못했습니다. 엄마 화장대에 있는 한시가 바로 신사임당이 대관령을 넘을 때 강릉에 있는 어머니를 걱정하며 쓴 시라는 것이 문득 떠올

랐습니다. 엄마는 서울에 가면 당분간 그 시를 가지고 서예 연습을 하겠다고 했습니다.

"엄마, 근데 신사임당은 정말 완벽한 여자였어?"

나는 심심해서 엄마에게 신사임당 이야길 꺼내 보았습니다. 그리고 사실 신사임당 이야기를 겨우 두 가지 밖에 듣지 못했거든요. 그런데 엄마가 들려 준 그 일화 모두 재밌었기 때문에 또 다른 이야기를 듣고 싶었습니다.

"신사임당의 아들이 누구지?"

"율곡 이이 아니에요? 5천 원권 지폐에 있는."

"응, 맞아. 이이가 쓴 《선비행장》이란 것이 있는데 거기에 신사임당에 대한 이야기가 나오거든. 그러니까 아들이 어머니에 대해 쓴 이야기지. 궁금해?"

"응, 응!"

"신사임당의 남편이 누구라고 했는지 기억해?"

"무슨 원수?"

"응, 이원수. 그러니까 율곡의 아버지지. 이원수는 별로·성품이 자상하지는 않았나 봐. 집안 살림에 대해서도 잘 모르고 집안도 그렇게 넉넉하지 못한 편이었대. 그래서 사임당은 근검절약하는 버릇이 늘 몸에 배었다고 해. 이원수가 실수하는 일이 있으면 기분이 상하지 않게 잘 이야기해 주고, 자식들이 잘못을 하면 잘잘못을 가려서 공정하게 훈계했대. 자식들뿐 아니라 다른 아랫사람에게도 허물이 있으면 그걸 옳게 꾸짖었기 때문에 모든 사람들이 사임당을 받들었다고 하지. 또 사임당은 윗사람, 아랫사람 모두를 고루 존중해서 어떤 일이든지 시어머님께 의논한 후에 결정을 했고, 또 아랫사람들한테도 부드럽고 자상하게 대했다고 나와 있어."

"음……. 그렇다면 마냥 자상하고 부드럽기만 한 게 아니라 일종의 카리스마도 있었다는 거네?"

"실로 한 집안의 든든한 안방마님이었다고 할까?"

"정말 사임당은 허점이 없이 너무 완벽해……."

"율곡 이이는 자신의 어머니를 매사 공평한 어머니, 한 집안의 훌륭한 지도자 같은 존재로 느꼈다고 해."

고개를 끄덕이며 생각했습니다. 정말 신사임당이 못하는 것은 뭘까요? 완벽한 성품에다가 글도 잘 쓰고 그림까지 잘 그리는 여인. 나는 이번 여행을 통해 평생 잊지 못할 인물을 만난 기분이 들었습니다.

3 엄마도 제비꽃

버스 안이 지루해 꾸벅꾸벅 졸기 시작할 때쯤 아빠에게 전화가 왔습니다. 벌써 서울에 도착했다네요.

"누나!"

지현이가 반갑게 전화를 받았습니다.

"재밌었냐?"

오랜만에 듣는 목소리가 무척 반가웠지만 퉁명스러운 척 툭 하고 말을 던져 보았습니다.

"누나, 나 안 보고 싶었어? 나 죽는 줄 알았어. 일본에 있는데 지진이 났었거든. 정말 죽는 줄 알았다니까! 고모네 집이 막 흔들렸어!"

나보다 어른스럽고 의젓한 것 같아도 역시 지헌이는 동생입니다. 일본에서는 지진이 흔한 일이라고 하는데, 뭐 대단한 일 겪었다고 이렇게 전화로 호들갑을 떠는 걸 보니 말입니다. 그래도 안 보고 싶었냐고 투정도 부리는 걸 보면 귀여워서 맞장구를 쳐 주고픈 마음이 듭니다.

"정말? 네가 지진을 경험했어?"

"그렇다니까!"

"어땠어? 재미있었어?"

"누나는 참, 나 죽는 줄 알았다니까 무슨 재미가 있어!"

지헌이는 그 외에도 고모가 자기 머리를 갈래 머리로 만들려고 했네 어쩌네 하며 한참 수다를 떨더니 급기야 아빠에게 핸드폰을 빼앗겼나 봅니다. 갑자기 전화가 툭 끊어지고 말았습니다. 사실 귀청이 아파서 더 듣고 싶지 않던 차였습니다. 하하.

사람들이 슬슬 가방을 챙기기 시작하는 걸 보니 도착지에 거의 다 왔나 봅니다. 지금이 아니면 다신 물어볼 기회가 없을 것 같아

용기를 내어 엄마에게 물었습니다.

"엄마. 나 예술 중학교 안 가도 돼?"

"지윤이가 가기 싫으면 안 가도 돼."

엄마의 대답을 들으니 가슴이 뻥 뚫린 기분이었습니다.

"그럼 나 정말 스튜어디스 해도 돼?"

"뭐든지 지윤이가 하고 싶은 걸 해. 엄마는 네가 화가를 하지 않아도 좋아."

"엄마 최고! 난 엄마가 화가라서 좋아."

"어머? 엄마를 화가라고 생각하는 거야?"

"화가가 별거야? 엄마처럼 그림 그리기 좋아하는 사람이 화가지, 화가가 따로 있나?"

"정말 지윤이 말이 맞네? 그래, 맞아. 엄마가 미처 몰랐던 걸 지윤이한테 배웠구나. 꼭 상 타고 전시회하고 그래야만 화가가 아니라, 그림이 좋아서 그리는 사람도 다 화가인 거야. 그렇지?"

"응. 나도 이제부터 영어 공부도 열심히 하고 나중엔 일어도 공부해서 꼭 멋진 스튜어디스가 될 거야."

이제야 비로소 내 꿈을 당당히 털어놓게 되었습니다. 이제 보니 덕현이 할아버지께 큰 은혜를 입은 것 같습니다.

"엄마, 근데 엄마는 모사 화가 할아버지께 뭘 그려 드렸어?"

엄마가 빙긋 웃으며 대답했습니다.

"제비꽃."

"응? 엄마도 제비꽃?"

"응. 엄마도 제비꽃."

덕현이 할아버지는 옛날부터 오죽헌에서 놀러온 아이들에게 그림을 그려 오라고 하신답니다. 그래서 엄마도 현호색을 띠고 있는 작은 제비꽃을 그려 갔다고 했습니다.

"엄마가 그린 제비꽃 그림을 보면서 할아버지가 그러셨어. 이게 여기서 제일 예쁜 것이었냐고. 그래서 엄마는 '네' 했지. 사실 엄마는 할아버지께 여러 번 그림을 그려서 보여 드렸어. 그 첫 번째 그림이 제비꽃이었던 거지. 그 다음엔 소나무 가지에 걸쳐 있던 새 둥지, 그 다음에는 참외 밭을 날아다니는 나비 같은 것도 그려 갔었지."

"다 조그만 것들이었네?"

"응. 엄마 눈에는 그런 게 제일 예뻐 보이더라."

"나도 그랬어. 어제 잠잘 때 모사 화가 할아버지를 또 만나면 다음엔 신사임당이 치마폭에 그렸다는 포도송이를 그려서 보여 드

리고 싶다는 생각을 했어."

"참 신기하지 않니?"

"뭐가?"

"엄마랑 지윤이가 똑같이 제비꽃을 제일 예쁘다고 생각했다는 게 신기하잖아."

"응, 맞아. 엄마랑 나는 아무래도 모전여전인 것 같아. 하하."

"그렇게 말하니 기분이 좋네. 하하."

이야기하는 사이 버스는 터미널에 들어섰습니다.

늘 다른 곳만 보고 있다고 생각했던 엄마와 나는 사실 그렇게 닮은꼴이었습니다.

4 온 가족이 함께하는 저녁 식사

오랜만에 가족들이 집에 모여 같이 먹는 저녁 식사는 그야말로 꿀맛입니다. 사실 아빠와 지헌이에게 강릉 여행 이야기를 한 보따리 풀어 놓느라 밥이 입으로 넘어가는지 어디로 새는지도 모를 지경이었습니다. 특히 경포대에서 시작된 아빠와 엄마의 러브 스토리에 대해서는 집요하도록 아빠에게 꼬치꼬치 캐물었습니다. 지헌이는 신기한 듯 이야기에 빠져 들었습니다.

"엄마랑 아빠랑 똑같은 책을 읽고 있었다면서?"

내가 아빠에게 말했습니다.

"아빠, 난 그 부분이 가장 신기했어. 그게 정말 인연이라는 건가 봐. 그치?"

엄마는 부끄러워졌는지 내가 이것저것 계속 물어보며 종알대자 얼른 다른 화제를 꺼냈습니다.

"여보! 왜 오죽헌에서 그림 그리는 아저씨, 아, 지금은 할아버지구나. 그분 알죠?"

"어, 어, 그분 알지. 예전에 당신이 이야기 했었잖아. 건강하게 잘 계셔?"

"아빠, 글쎄 그 할아버지가 덕현이 할아버지였지 뭐야? 아빠 알고 있었어?"

"어, 그럼. 아빠 알고 있었지."

엄마 아빠가 당황하는 모습이 재밌어서 얼른 말을 가로채며 또 물었습니다. 오죽헌에서 있었던 일들을 아빠랑 지헌이에게 들려주었습니다. 엄마처럼 나도 제비꽃을 그려 갔다는 이야기를 듣고 역시나 아빠와 지헌이도 무척 신기해 했습니다.

"둘이 맨날 그렇게 싸우던 이유가 있었어."

아빠는 탐정 같은 말투로 말했습니다.

"그게 뭔데요?"

지헌이가 물었습니다.

"뭐긴 뭐야? 둘이 똑같으니까 그렇지!"

"에이, 똑같으면 왜 싸워요?"

지헌이가 다시 묻자 아빠는 호탕하게 대답했습니다.

"똑같이 고집이 세니까 그렇게 싸웠던 거지. 하하!"

"그렇지 않아요, 여보. 지윤이랑 내가 얼마나 사이가 좋은데?"

"맞아, 아빠. 엄마랑 난 이제 보니 생각하는 것도 굉장히 비슷하고 취향도 잘 맞는다는 걸 깨달았어."

"취향? 무슨 취향?"

"방금 들었잖아? 오죽헌에서 하고많은 것들 중에 엄마랑 나한테 왜 똑같이 제비꽃이 가장 예쁘고 아름다워 보였겠어? 아무리 봐도 이건 보통 인연이 아니야."

아빠는 내 말에 고개를 끄덕끄덕하더니 혼자 중얼거렸습니다.

"근데 신기하긴 신기하다. 거기 보면 까만 대나무도 특이하고 소나무도 굉장히 멋진데, 어떻게 자그맣게 피어 있는 제비꽃을 그릴 생각을 했지?"

"난 고모 때문에 갈래머리를 땋을 뻔했는데, 그 얘기는 아무도 관심도 없네······."

지헌이의 투덜거림이 무색하게 아빠가 말을 이었습니다.

"아빠는 알 것 같다, 엄마랑 지윤이 마음을······."

"엄마랑 내 마음이 뭔데?"

"사실 종이 한 장에 가장 담기 어려운 게 작은 풀꽃 한 송이 아니겠어? 다들 욕심을 부리고 이것저것 멋있게 많이 그려 넣으려고만 하는데, 둘 다 참 착해서 그런 것 같아."

"당신이 나한테 반한 게 착한 것 아니었어요?"

엄마가 장난스럽게 웃으며 말했습니다.

"아니지, 시계를 줘서 그런 거지. 나는 그게 신호인 줄 다 알고 있었어. 당신이 내가 마음에 든다는."

그게 무슨 말인지 나는 알지만, 지헌이는 모르겠다는 표정입니다. 하하, 역시 아직 나보다 어린 귀여운 내 동생입니다. 관심 받지 못해 토라져 있는 지헌이에게 물어보았습니다.

"지헌아, 근데 정말 일본에서 지진 났어?"

그제야 지헌이는 눈이 초롱초롱해서 입을 엽니다.

"정말이야, 정말 죽는 줄 알았다니까. 고모네 집이 막 흔들렸다고. 그런 경험은 내 생애 처음이었어!"

지헌이는 신이 나서 지진 이야기를 마구 풀어놓기 시작했고, 우리 가족은 모두 지헌이의 이야기를 경청했습니다. 이따금 아빠도 한마디씩 보태며 추임새를 넣어 주었지요. 특히 고모의 갈래 머리 이야기에서 밥 먹다 데굴데굴 구르기까지 했습니다. 일본에 갔다면 내가 그 일을 겪었겠지요. 지헌이가 안쓰럽긴 하지만 정말 다행입니다! 하하!

다음 달에 강릉에 내려갈 때엔 꼭 아빠와 지헌이도 함께 가서 외할아버지, 외할머니도 뵙고 오죽헌의 덕현이 할아버지도 함께 뵙고 싶다는 생각이 들었습니다.

21세기형 현모양처 신사임당

신사임당은 기품 있는 가문들이 사는 지역으로 이름난 강릉에서 자라나 일찍이 유교의 경전에 통달하여 높은 학문의 경지에 이르렀습니다. 자신의 호를 사임당이라 지은 것이나, 당시 사대부 부인들의 필독서였던 《내훈》을 즐겨 읽으며 암송한 것을 보아도 신사임당은 태교에서부터 양육에 이르기까지 몸소 모범을 실천하였음을 알 수 있습니다.

또한 사임당은 가난한 환경에서도 남편 이원수 공을 바른 길로 내조하였고 자녀 4남 3녀를 한결같이 이름난 학자, 철인, 예술가, 그리고 뛰어난 부덕을 함양한 여인으로 길러 냈습니다.

율곡 이이는 남들에게 요구하기 이전에 자신이 먼저 성실과 신의의 덕목을 갖출 것을 강조합니다. 이는 신사임당이 자녀 훈육을 통해서 강조한 덕목들로 우리가 사는 21세기에도 매우 중요한 가르침입니다.

신사임당에 대한 율곡의 효성을 전하는 유명한 일화가 있습니다. 신사임당은 평소에 몸이 약해서 자주 병석에 눕곤 했습니다. 신사임당이 37세 되던 해 어느 날이었습니다. 그날도 사임당은 몸이 불편하여 자리에 누웠는데 다섯 살 난 율곡이 갑자기 사라져 가족들이 찾아 나섰다고 합니다. 그리고 얼마 후 조상들의 위패를 모셔 놓은 뒷동산 사당에서 어린 율곡을 발견하였다고 합니다. 그 작은 아이가 외조부 사당 앞에 엎드려서 어머니 병환을 낳게 해 달라고 기도를 하고 있었던 것입니다. 그 모습을 보고 사람들은 율곡을 기특해 하며 겨우 달래어 안고 내려왔다는 일화가 있습니다.

신사임당은 예술인으로서, 또 율곡 이이와 같은 대학자를 길러낸 훌륭한 어머니로서, 부모에게 효행을 다한 자식으로서, 남편을 성심껏 내조한 현모양처로서 21세기에도 여전히 유효한 여성상으로 주목받고 있습니다. 또한 그 시대가 요구했던 유교적 여성상에 만족하지 않고 독립된 인간으로서 스스로 생활을 개척한 여성이라고도 할 수 있습니다. 여성이 억압받던 조선시대에 청빈한 가정환경 속에서 성실과 신의, 예술과 효행으로써 미래를 개척한 여성입니다.

율곡 이이

율곡 이이는 신사임당의 아들로서, 16세기의 교육자이자 관리였습니다. 그는 10만 양병론의 주창자이기도 하지요. 율곡 이이는 이상과 현실, 나아가고 물러남에 있어 중용의 도를 다했던 유학자입니다. 투철한 역사의식과 우국애민의 충정으로 현실 정치에 참여해서 비판과 경륜을 제시했습니다. 또한 철학자로서 성리학 연구에 힘을 기울여 조선시대 기호학파의 거두(영향력이 크며 주요한 자리에 임한 사람)가 되기도 하였습니다.

지방관으로 근무할 때는 지방 백성들의 경제와 도덕관념을 향상시키는 데 노력했으며 부정부패를 막는 데 앞장서기도 했습니다. 또한 일가 친척 중 가난한 이들을 거두고자 서울의 집을 팔아 고향인 경기도 파주에 집 한 채를 장만해서 모여 살았는데, 많을 때는 가족이 100여 명도 넘었다고 합니다.

율곡 이이는 조정 대신들에게 혁신 정책을 주창한 개혁주의자입니다. 10만의 군사를 길러서 외세의 침략을 막아야 한다는 국방책을 주장했으나, 안일한 조정 대신들의 반대로 무산되었습니다. 그리고 10년 후 임진

왜란이 일어났습니다. 후세 학자들은 율곡 이이가 공리공론을 배척하고 실제적인 학문 즉, 실학의 단서를 제공한 인물이라 평합니다. 오랜 시간이 지난 지금도 율곡의 삶과 사상은 위대한 깨달음으로 다가옵니다.

에필로그

보고 싶은 엄마.

엄마, 잘 지내고 계시죠? 한국은 한참 추울 것 같은데, 감기는 안 걸리셨는지 걱정이에요.

지헌이는 군대에 갔다면서요? 잘 적응하고 있겠죠? 지헌이에게도 편지를 해야겠어요. 하나밖에 없는 누나가 바쁘다고 편지 한 번 못하니, 누나로서 참 미안해요. 아, 그리고 얼마 전 캐나다에 출장 오신 아빠도 잠깐 뵈었답니다. 예전보다 얼굴이 많이 거칠어진 것 같아 마음이 아팠어요.

엄마를 못 본 지 벌써 6개월이 넘어가요. 오늘따라 유난히 엄마가 보고 싶어요. 문득 옛날 생각이 난 탓일까요? 5학년 때 엄마랑 둘이서 강릉 외할아버지 댁에 갔었잖아요. 그때 오죽헌에서 그림 그리시던 모사 화가 덕현이 할아버지……. 이건 비밀인데, 사실 그 할아버지께서 엄마를 불러 이야기하기 전에 제게 주셨던 그림이 있어요. 그때 이후로 지금까지 늘 그 그림을 가지고 다니는데, 엄마는 모르셨죠?

그 그림은 엄마와 제가 벤치에 앉아 있는 모습이에요. 엄마와 오죽헌에 갔던 날 덕현이 할아버지께서 그리셨던 건가 봐요. 이 그림을 보면 항상 저도 모르게 미소가 지어져요. 그 그림 옆에 제가 예쁜 제비꽃도 그려 넣었답니다.

그때 엄마랑 저랑 많이 싸웠었죠? 지금 생각하니 많이 후회가 되기도 하고, 그런 것도 또 어렸을 적 추억 같아서 마음이 아련하기도 해요. 이제서 고백하는 건데요, 사실 화가가 되고 싶지 않았던 가장 큰 이유는 미술 공부하러 유학을 떠나서 엄마, 아빠, 지헌이랑 떨어져 사는 게 싫었어요. 그래서 제가 진정으로 원했던 스튜어디스가 됐는데, 오히려 집을 떠나 있는 시간이 더 많은 것 같아요. 참 웃기죠?

하지만 걱정하지 않아요. 제 곁에서 늘 엄마가 지켜보고 계시니까요.

곧 한국에 돌아갈 것 같아요. 그러면 엄마랑 다시 강릉에 가고 싶어요. 외할머니, 외할아버지, 덕현이 할아버지 산소에도 들러서 오랜만에 인사도 드려야 하고요. 예쁜 꽃도 같이 심고, 잡초도 정리해야겠네요.

오죽헌에서 같이 그림도 그리고요. 세상에서 가장 예쁜 제비꽃을 말이에요.

몸은 멀리 떨어져 있지만 제 마음은 늘 엄마와 함께 있다는 거 잊지마세요. 많이 보고 싶어요.

사랑해요, 엄마.

통합형 논술
활용노트

01 우리나라에서 효는 만 가지 행위의 근본을 이루는 것으로 알려져 있습니다. 그만큼 효는 한국인의 의식을 지배하는 중요한 도덕규범으로 자리하고 있습니다. 그러나 현대사회는 효에 대한 새로운 해석을 요구하고 있습니다. 다음의 키워드를 통해 현대사회의 효에 관한 의견을 이야기해 보시오.

▶ 현대 산업사회의 핵가족화
▶ 전통 유교 윤리의 재해석
▶ 온고지신(溫故知新)

02 현재 우리나라 교육계에서는 도덕성의 위기를 우려하는 목소리가 큽니다. 전통과 현대의 조화라는 관점에서 인성교육의 해법을 다음 내용과 관련하여 논해 봅시다.

▶ 인간의 본성
▶ 21세기 변화된 사회
▶ 전통 유학의 현대적 적용

03 2009년부터 발행될 고액권의 여성 초상인물로 신사임당이 거론되고 있습니다. 이에 대해 현모양처 이미지의 신사임당은 오늘날의 여성상에 부적합하다는 일부 주장이 전개되고 있습니다. 다음의 내용과 관련하여 자신의 생각을 말해 보시오.

▶ 현모양처와 21세기 여성상
▶ "여자라도 덕이 온전히 갖추어졌고 재주 또한 통하지 않음이 없다고 하면 어찌 여자라 하여 군자라 일컫지 못하겠는가? 사임당은 여자 중의 군자라 일컬어도 손색이 없을 것이다." — 정호(송강 정철의 현손이자 영의정을 지낸 인물)

04 우리나라 5천 원권에는 율곡 선생의 초상화가 있고, 뒷면에 그의 어머니인 신사임당의 초충도가 도안되어 있습니다. 이 그림을 보고 신사임당의 예술관에 대해 말해 보시오.

05 다음은 신사임당이 어머님을 그리워하며 읊었던 시입니다. 두 시를 보며 신사임당의 효행 정신에 대해 이야기해 보시오.

(가) 어머님 그리워

산첩첩 내 고향 천리연마는
자나 깨나 꿈속에도 돌아가고파
한송정 가에는 외로이 뜬 달
경포대 앞에는 한 줄기 바람
갈매기는 모래톱에 헤락 모이락
고깃배들 바다 위로 오고 가리니
언제나 강릉길 다시 밟아가
색동옷 입고 앉아 바느질 할꼬

(나) 대관령을 넘으며 친정을 바라보다

늙으신 어머니를 고향에 두고
외로이 서울로 가는 이 마음
돌아보니 북촌(오죽헌)은 아득도 한데
흰 구름만이 저무는 산 아래 날리네.

통합형 논술
문제풀이

01 한국의 가족주의는 효를 바탕으로 하고 있습니다. 부모를 잘 봉양하는 효행은 백행의 근본이라고 할 정도로 모든 행동의 기본으로 장려되었습니다. 그리고 자식들도 부모의 효행을 본받는다는 묵시가 있어서, 부모도 자식의 성취를 위해 애써야 한다는 의식이 지배적이었습니다.

중요한 전통 가치관인 효는 시대가 변해감에 따라 새롭게 해석되고 적용되어야 합니다. 우리 사회는 가족 단위를 기본으로 하는 공동체주의에서 개인주의로 변화하고 있습니다. 이에 따라 가족 형태도 전통적인 대가족에서 산업사회의 핵가족 형태로 바뀌고 있습니다.

따라서 우리는 현대사회에 맞게 유교 윤리를 재해석하여 적용시켜야 합니다. 전통 가족 형태의 장점을 취하는 한편 핵가족 형태의 단점을 보완하며, 온고지신의 방식으로 문제를 해결해 나가야 합니다. 그렇게 한다면 가족주의적 유교 윤리는 구성원 모두가 행복한 가정을 이루고자 하는 건전한 목표를 준다는 점에서 사회 발전에 크게 기여할 수 있을 것입니다.

02 인간이 도덕적 존재라는 것을 어떻게 알 수 있을까요? 사람이면 누구나 자신의 양심에 따라 살아가려고 한다는 것을 보면 알 수 있습니다. 그래서 보통 양심에 따르는 행동은 선하고 양심에 반대되는 행동은 악하다고 생각합니다. 21세기가 되며 사회 모습이 많이 변하긴 했지만 인간은 인간이 아닌 다른 것으로 변화할 수 없습니다. 즉, 인간의 본성은 시대가 달라져도 변하지 않는다는 뜻입니다. 사람들은 우리 사회가 도덕적 위기에 몰려 있다고 이야기합니다. 그에 따라 다양한 인성교육 방식도 주장되고 있습니다. 학교 교과과정을 통한 인성교육을 주장하는 이들도 있고, 《명심보감》과 같은 고전 양서를 통해 전통 윤리를 회복하는 방식의 교육도 일부 시행되고 있습니다. 이처럼 인성교육의 측면에 있어 전통 윤리를 현대사회에 어떻게 적용하는가에 관한 고민은 계속되고 있습니다.

인성교육은 교육자의 지도가 끊임없이 이루어져야 하며, 이것을 간과한다면 한국 유학은 그저 하나의 지식으로 전락하고 말 것입니다. 따라서 유아 때부터 성인이 될 때까지 단계적으로 효 의식에 대한 유학교육이 계속 이루어진다면 참다운 인성교육이 실현될 수 있을 것입니다.

03 예로부터 인물을 평가할 때 도덕적이면서도 예술적 재능을 갖춘 사람을 군자라고 했습니다. 사임당은 남성 중심의 가부장적 사회 규범에 얽매이지 않고 자신의 재능을 살리며 개성적인 삶을 살았던 자아실현의 모범적 여성이었습니다. 남성중심주의가 팽배한 당시 유교사회에서도 사임당은 여자 중의 군자라 일컬어질 정도였습니다. 신사임당은 여성의 자긍심을 고취시키는 역사적 인물이며 대중에게도 친숙한 이미지의 위인이기도 합니다. 이와 같은 조건을 두루 갖춘 인물은 신사임당밖에 없을 것입니다.

신사임당이 화폐 초상인물로 선정될 만큼 현대사회에서도 의미가 있는 이유는 다음과 같습니다. 첫째, 사임당은 자신의 재능을 스스로 개발한 21세기형 여성상으로 꼽기에 손색이 없습니다. 둘째, 시나 회화에서 어머니를 다룰 정도로 효심이 지극했기 때문에 도덕적 위기론이 이야기되는 현대사회에 큰 의미를 줄 수 있습니다. 셋째, 남편을 잘 인도하여 입신양명케 하고 율곡이이와 같은 훌륭한 학자를 훈육한 모범적인 아내이자 부모입니다. 다섯째, 솔선수범하여 근검절약을 실천한 참된 살림꾼입니다. 여섯째, 섬세하고 소박한 자연미를 추구하는 한국 예술의 한 장을 개척한 예술인입니다.

04 쇠똥벌레, 도마뱀, 사마귀, 개미 같은 작은 곤충들은 초충도가 아닌 다른 그림에서는 찾아볼 수 없는 것들입니다. 우리 주변에서 흔히 볼 수 있지만 회화에서는 잘 다루지 않는 소재들입니다. 신사임당은 대상을 묘사할 때 일정한 틀에 얽매이지 않고 사실적으로 생기 있게 표현

함으로써, 그림을 보는 사람으로 하여금 소박하고 순수한 마음을 느끼게 합니다. 선의 묘사 또한 잔잔하고 조용하면서도 한편으로 생동감이 느껴집니다.

신사임당은 보통 우리가 보잘 것 없는 존재로 생각하는 작은 곤충이나 풀들을 주로 그렸습니다. 이것들은 우리 주변에서 흔히 볼 수 있는 것이지만 아름다움을 추구하는 회화에서는 잘 다루지 않습니다. 사임당은 다른 화가들이 그러하듯 화려하거나 크고 육중한 동물 같은 소재를 택하지 않았습니다. 그저 우리 마음에 친근하게 자리 잡고 있는 작은 동물, 벌레, 풀꽃 등을 그리면서 그 안에 있는 아름다움을 표현해냈습니다. 이러한 작품들 안엔 사임당만이 갖고 있는 독자적인 예술관이 담겨있습니다. 그것은 바로 작고 흔한 존재들이 가진 생명력, 그 소박한 아름다움에 대한 애정이라고 할 수 있습니다.

05 사임당이 쓴 한시들을 읽으면 언제 뵐지 모르는 친정어머니에 대한 사임당의 애틋하고 절절한 마음을 느낄 수 있습니다. 이 마음을 시로 남겼다는 것에서 사임당의 높은 교양 수준과 인품, 그리고 문화 예술에 대한 재능과 애정을 알 수 있습니다. 사임당은 백행의 근본이 효라는 것을 몸소 실천하며 자식들에게 가르친 것으로도 볼 수 있습니다.

사임당은 "내 부모를 먼저 섬기라"는 말을 통해 부모와 자식 간의 관계를 천륜의 사이라고 생각하였고, 목숨을 던져서라도 부모는 자식을 사랑해야 한다고 했습니다. 이러한 사임당의 효심을 지켜보며 자랐기 때문에 사임당의 자식들도 모두 곧은 인물이 될 수 있었고, 한국의 자랑이라 할 수 있는 위대한 학자 율곡 이이도 나올 수 있었던 것입니다.